AF277305

Todos los libros de Linkgua Ediciones cuentan con modelos de Inteligencia Artificial entrenados por hispanistas. Pregúntale al chat de tu libro lo que desees acerca de la obra o su autor/a.

Para ebooks: Accede a nuestro modelo de IA a través de un enlace.

Para libros impresos: Escanea el código QR de la portada con tu dispositivo móvil.

Obtén análisis detallados de nuestros libros, resúmenes, respuestas a tus preguntas y accede a nuestras ediciones críticas generativas para una experiencia de lectura más enriquecedora.
La transparencia y el respeto hacia la autoría de las fuentes utilizadas son distintivos básicos de nuestro proyecto. Por ello, las respuestas ofrecen, mediante un sistema de citas, las fuentes con las que han sido elaboradas.

Autores varios

Proclamaciones de independencia americanas

Barcelona 2025
Linkgua-ediciones.com

Créditos

Título original: Proclamaciones de independencia americanas.

© 2025, Red ediciones S.L.

email: info@linkgua.com

Diseño de la colección: Michel Mallard.

ISBN rústica ilustrada: 978-84-9897-391-4.
ISBN tapa dura: 978-84-1126-030-5.
ISBN ebook: 978-84-9007-403-9.

Sumario

Brevísima presentación[1]

Las *Proclamaciones de independencia americanas* fueron un reflejo de la situación de las colonias de América. Se sucedieron en cadena desde finales del siglo XVII, las primeras décadas del siglo XIX y terminaron en 1895. Fueron influidas en su mayoría por el espíritu de la Ilustración, la Revolución francesa y la invasión de España por el ejército de Napoleón.

El vacío de poder en la metrópoli, y las ideas de la Ilustración propiciaron que los próceres locales se planteasen la necesidad de formar gobiernos autónomos que dirigiesen los destinos de las colonias desde una perspectiva más cercana a los intereses de sus habitantes. Este proceso con sus matices regionales, avances y retrocesos, disputas y diferencias ideológicas fraguó el surgimiento de los actuales Estados que conforman América y terminó a finales del siglo XIX en Puerto Rico y Cuba. Las *Proclamaciones de independencia americanas* aquí reunidas cimentaron las Constituciones nacionales de los países del Nuevo Mundo.

---

[1] El presente título se basa en la edición *La Independencia de Hispanoamérica. Declaraciones y Actas*, Biblioteca de Ayacucho, a cargo de Haydeé Miranda Bastidas y Hasdrúbal Becerra. Al tiempo que nos gustaría continuar el encomiable trabajo de los editores citados, nos gustaría aprovechar este volumen para agregar nuevos documentos como las proclamaciones de independencia de Estados Unidos, Puerto Rico y Cuba. (N. del E.)

Estados Unidos de América[2]

Declaración de Independencia

Pensilvania, 4 de julio de 1776

Cuando en el curso de los acontecimientos humanos se hace necesario para un pueblo disolver los vínculos políticos que lo han ligado a otro y tomar entre las naciones de la tierra el puesto separado e igual a que las leyes de la naturaleza y el Dios de esa naturaleza le dan derecho, un justo respeto al juicio de la humanidad exige que declare las causas que lo impulsan a la separación.

Sostenemos como evidentes en sí mismas estas verdades: que todos los hombres son creados iguales; que son dotados por su Creador de ciertos derechos inalienables; que entre éstos están la vida, la libertad y la búsqueda de la felicidad; que para garantizar estos derechos se instituyen entre los hombres los gobiernos, que derivan sus poderes legítimos del consentimiento de los gobernados; que cuando quiera que una forma de gobierno se haga destructora de estos principios, el pueblo tiene el derecho a reformarla o abolirla e instituir un nuevo gobierno que se funde en dichos principios, y a organizar sus poderes en la forma que a su juicio ofrecerá las mayores probabilidades de alcanzar su seguridad y felicidad. La prudencia, claro está, aconsejará que no se

---

2   La *Declaración de Independencia de los Estados Unidos de América* (cuyo título oficial es *The Unanimous Declaration of the Thirteen United States of America*) fue aprobada durante el segundo Congreso Continental, en la Cámara Estatal de Pensilvania, el 4 de julio de 1776. Proclamó que las Trece Colonias norteamericanas eran independientes y soberanas.

cambie por motivos leves y transitorios gobiernos de antiguo establecidos; y, en efecto, toda la experiencia ha demostrado que la humanidad está más dispuesta a padecer, mientras los males sean tolerables, que a hacerse justicia aboliendo las formas a que está acostumbrada. Pero cuando una larga serie de abusos y usurpaciones, dirigida invariablemente al mismo objetivo, evidencia el designio de someter al pueblo a un despotismo absoluto, es su derecho, es su deber, derrocar ese gobierno y proveer de nuevas salvaguardas para su futura seguridad y su felicidad.

Tal ha sido el paciente sufrimiento de estas colonias; y tal es ahora la necesidad que las compele a alterar su antiguo sistema. La historia del presente rey de la Gran Bretaña es una historia de repetidas injurias y usurpaciones, cuyo objeto principal es y ha sido el establecimiento de una absoluta tiranía sobre estos estados. Para probar esto, sometemos los hechos al juicio de un mundo imparcial.

Él ha rehusado asentir a las leyes más convenientes y necesarias al bien público de estas colonias, prohibiendo a sus gobernadores sancionar aun aquellas que eran de inmediata y urgente necesidad a menos que se suspendiese su ejecución hasta obtener su consentimiento, y estando así suspensas las ha desatendido enteramente.

Ha reprobado las providencias dictadas para la repartición de distritos de los pueblos, exigiendo violentamente que estos renunciasen el derecho de representación en sus legislaturas, derecho inestimable para ellos, y formidable sólo para los tiranos.

Ha convocado cuerpos legislativos fuera de los lugares acostumbrados, y en sitios distantes del depósito de sus registros públicos con el único fin de molestarlos hasta obligarlos a convenir con sus medidas, y cuando estas violencias no han tenido el efecto que se esperaba, se han disuelto las salas de representantes por oponerse firme y valerosamente a las invocaciones proyectadas contra los derechos del pueblo, rehusando por largo tiempo después de desolación semejante a que se eligiesen otros, por lo que los poderes legislativos, incapaces de aniquilación, han recaído sobre el pueblo para su ejercicio, quedando el estado, entre tanto, expuesto a todo el peligro de una invasión exterior y de convulsiones internas.

Él se ha esforzado en estorbar los progresos de la población en estos estados, obstruyendo a este fin las leyes para la naturalización de los extranjeros, rehusando sancionar otras para promover su establecimiento en ellos, y prohibiéndoles adquirir nuevas propiedades en estos países.

En el orden judicial, ha obstruido la administración de justicia, oponiéndose a las leyes necesarias para consolidar la autoridad de los tribunales, creando jueces que dependen solamente de su voluntad, por recibir de él el nombramiento de sus empleos y pagamento de sus sueldos, y mandando un enjambre de oficiales para oprimir a nuestro pueblo y empobrecerlo con sus estafas y rapiñas.

Ha atentado a la libertad civil de los ciudadanos, manteniendo en tiempo de paz entre nosotros tropas armadas, sin el consentimiento de nuestra legislatura: procurando hacer al militar independiente y superior al poder civil: combinando con nuestros vecinos, con plan despótico para sujetarnos a una jurisdicción extraña a nuestras leyes y no reconocida por nuestra constitución: destruyendo nuestro tráfico en todas las partes del mundo y poniendo contribuciones sin nuestro consentimiento: privándonos en muchos casos de las defensas que proporciona el juicio por jurados: transportándonos más allá de los mares para ser juzgados por delitos supuestos: aboliendo el libre sistema de la ley inglesa en una provincia confinante: alterando fundamentalmente las formas de nuestros gobiernos y nuestras propias legislaturas y declarándose el mismo investido con el poder de dictar leyes para nosotros en todos los casos, cualesquiera que fuesen.

Él ha abdicado el derecho que tenía para gobernarnos, declarándonos la guerra y poniéndonos fuera de su protección: haciendo el pillaje en nuestros mares; asolando nuestras costas; quitando la vida a nuestros conciudadanos y poniéndonos a merced de numerosos ejércitos extranjeros para completar la obra de muerte, desolación y tiranía comenzada y continuada con circunstancias de crueldad y perfidia totalmente indignas del jefe de una nación civilizada.

Ha compelido a nuestros conciudadanos hechos prisioneros en alta mar a llevar armas contra su patria, constituyéndose en verdugos de sus hermanos y amigos: excitando insurrecciones domésticas y procurando igualmente irritar contra nosotros a los habitantes de las fronteras, los indios bárbaros y feroces cuyo método conocido de hacer la guerra es la destrucción de todas las edades, sexos y condiciones.

A cada grado de estas opresiones, nosotros hemos suplicado por la reforma en los términos más humildes: nuestras súplicas han sido contestadas solamente por repetidas injurias. Un príncipe, pues, cuyo carácter está así marcado por todos los actos que pueden definir a un tirano, no es apto para ser el gobernador de un pueblo libre.

Tampoco hemos faltado a la consideración debida hacia nuestros hermanos los habitantes de la Gran Bretaña: les hemos advertido de tiempo en tiempo del atentado cometido por su legislatura en extender una ilegítima jurisdicción sobre las nuestras. Les hemos recordado las circunstancias de nuestra emigración y establecimiento en estos países: hemos apelado a su natural justicia y magnanimidad, conjurándolos por los vínculos de nuestro origen común a renunciar a esas usurpaciones que inevitablemente acabarían por interrumpir nuestra correspondencia y conexiones. Ellos han sido también sordos a la voz de la justicia y consanguinidad. Nosotros debemos por tanto someternos a la necesidad que anuncia nuestra separación, y mirarlos como al resto del género humano: enemigos en guerra y en paz amigos.

Los representantes, pues, de los Estados Unidos, juntos en Congreso general, apelando al Juez supremo del Universo, por la rectitud de nuestras intenciones, en el nombre y con la autoridad del pueblo de estas colonias, publicamos y declaramos: que ellas son y por derecho deben ser estados libres e independientes; que están absueltas de toda obligación de fidelidad a la corona británica: que toda conexión política entre ellas y el estado de la Gran Bretaña, es y debe ser totalmente disuelta, y que como estados libres e independientes, tienen pleno poder para hacer la guerra, concluir la paz, contraer alianzas, establecer comercio y hacer todos los otros actos que los estados independientes pueden por derecho efectuar. Y para sostener esta declaración, con una firme confianza en la protección divina, nosotros empeñamos mutuamente nuestras vidas, nuestras fortunas y nuestro sagrado honor.

New Hampshire: Josiah Bartlett, William Whipple, Matthew Thornton

Massachusetts: Samuel Adams, John Adams, John Hancock, Robert Treat Paine, Elbridge Gerry

Rhode Island: Stephen Hopkins, William Ellery

Connecticut: Roger Sherman, Samuel Huntington, William Williams, Oliver Wolcott

Nueva York: William Floyd, Philip Livingston, Francis Lewis, Lewis Morris

Nueva Jersey: Richard Stockton, John Witherspoon, Francis Hopkinson, John Hart, Abraham Clark

Pensilvania: Robert Morris, Benjamin Rush, Benjamin Franklin, John Morton, George Clymer, James Smith, George Taylor, James Wilson, George Ross

Delaware: George Read, Caesar Rodney, Thomas McKean

Maryland: Samuel Chase, William Paca, Thomas Stone, Charles Carroll of Carrollton

Virginia: George Wythe, Richard Henry Lee, Thomas Jefferson, Benjamin Harrison, Thomas Nelson, Jr., Francis Lightfoot Lee, Carter Braxton

Carolina del Norte: William Hooper, Joseph Hewes, John Penn

Carolina del Sur: Edward Rutledge, Thomas Heyward, Jr., Thomas Lynch, Jr., Arthur Middleton

Estado de Georgia: Button Gwinnett, Lyman Hall, George Walton

Ecuador[3]

Instalación de la soberana junta gubernativa

Quito, 10 de agosto de 1809

Nos, los infrascritos, diputados del pueblo, atendidas las presentes críticas circunstancias de la nación, declaramos solemnemente haber cesado en sus funciones los magistrados actuales de esta capital y sus provincias. En su virtud, los del barrio del Centro o Catedral elegimos y nombramos para representantes de él a los marqueses de Selva Alegre y Solanda; y lo firmamos, Manuel de Angulo, Antonio Pineda, Manuel Cevallos, Joaquín de la Barrera, Vicente Paredes, Juan Ante y Valencia. Los del Barrio de San Sebastián elegimos y nombramos para representante de él a don Manuel Zambrano; y lo firmamos Nicolás Vélez, Francisco Romero, Juan Pino, Lorenzo Romero, Manuel Romero, Miguel Donoso. Los del barrio de San Roque elegimos y nombramos para representante de él al marqués de Villa Orellana; y lo firmamos, José Ribadeneira, Ramón Puente, Antonio Bustamante, José Álvarez, Diego Mideros, Vicente Melo. Los del barrio de San Blas elegimos y nombramos para represen-

---

3 El 10 de agosto de 1809, hubo una rebelión en Quito dirigida por Juan Pío Montúfar y se constituyó una Junta de Gobierno Autónoma, leal al rey Fernando VII. Las autoridades españolas recuperaron el gobierno en 1812. El 24 de mayo de 1822 la Batalla de Pichincha dio la victoria a las fuerzas enviadas por Bolívar y comandadas por Antonio José de Sucre; España perdió el control de Ecuador y este se integró a la Gran Colombia. En 1830 una Asamblea de notables proclamó a Quito independiente y promulgó una Constitución propia.

tante de él a don Manuel Larrea; y lo firmamos Juan Coello, Gregorio Flor de la Bastida, José Ponce, Mariano Villalobos, José Rosmediano, Juan Vinsarro y Bonilla. Los del barrio de Santa Bárbara elegimos y nombramos representante de él al marqués de Miraflores; y lo firmamos Ramón Maldonado, Luis Vargas, Cristóbal Garcés, Toribio de Ortega, Tadeo Antonio Arellano, Antonio de Sierra. Los del barrio de San Marcos elegimos y nombramos representante de él a don Manuel Mathéu; y lo firmamos, Francisco Javier de Ascásubi, José Padilla, Nicolás Ortiz, Nicolás Jiménez, Francisco Villalobos, Juan Barreto. Declaramos que los antedichos individuos, unidos con los representantes de los Cabildos de las Provincias sujetos actualmente a esta gobernación, y los que se unieran voluntariamente a ella en lo sucesivo, como son los de Guayaquil, Popayán, Pasto, Barbacoas y Panamá, que ahora dependen de los virreinatos de Lima y Santa Fe, a los cuales se procurará traer, compondrán una Junta Suprema que gobernará interinamente a nombre y como representante de nuestro legítimo soberano el señor don Fernando VII y mientras su majestad recupera la Península o viene a imperar. Elegimos y nombramos para ministros o secretarios de Estado a don Juan de Dios Morales, don Manuel Quiroga y doctor Juan de Larrea. El primero para el despacho de los Negocios Extranjeros y los de Guerra; el segundo para el de Gracia y Justicia y el tercero para el de Hacienda; los cuales, como tales, serán individuos natos de la Junta Suprema. Ésta tendrá un secretario particular con voto; y nombramos para tal cargo a don Vicente Álvarez. Elegimos y nombramos para presidente de ella al marqués de Selva Alegre. La Junta como representativa del monarca tendrá el tratamiento de majestad. Su presidente, el de alteza serenísima, y sus vocales el de excelencia, menos el secretario particular a quien se le dará el de señoría. El presidente tendrá por ahora y mientras se organizan las rentas del Estado, seis mil pesos de renta anual, dos mil cada vocal y un mil el secretario particular. Prestará Juramento solemne de obediencia y fidelidad al rey en la Catedral, inmediatamente, y lo hará prestar a todos los cuerpos constituidos así eclesiásticos, como seculares. Sostendrá la pureza de la religión, los derechos del rey, los de la patria; y hará fuerza mortal a sus enemigos, y principalmente franceses, valiéndose, de cuantos medios y arbitrios honestos le sugiera el valor y la prudencia para lograr el triunfo. Al efecto, y siendo absolutamente necesaria una fuerza militar competente para mantener el reino en respeto, se levantará prontamente una falange, compuesta de tres batallones de infantería sobre el pie de ordenanza y montada la primera compañía de granaderos, quedando por consiguiente reformados los dos de infantería y el piquete de dragones actuales. El jefe de la falange será coronel. Nombramos para tal a don Juan Salinas, a quien la Junta hará reconocer inmediatamente. Nombramos para auditor general de guerra, con honores de teniente coronel, tratamiento de Señoría y mil quinientos pesos de sueldo anual, a don Juan Pablo Arenas; y la Junta lo hará reconocer. El coronel hará las propuestas de los oficiales; los nombrará la Junta y expedirá sus patentes y las dará gratis al Secretario de la Guerra. Para que la falange sirva gustosa y no le falte lo necesario, se aumentará la tercera parte sobre el sueldo actual desde soldado arriba. Para la más pronta y recta administración de justicia, nombramos un Senado, compuesto de dos salas civil y criminal, con tratamiento de Alteza. Tendrá a su cabeza un gobernador con 2.000 pesos de sueldo y tratamiento de Usía Ilustrísima. La Sala de lo Criminal, un regente (subordinado al gobernador) con dos mil pesos de sueldo y tratamiento de Señoría. Los demás ministros con el mismo tratamiento y mil quinientos pesos de sueldo; agregándose un protector general de indios, con honores y sueldo de senador. El alguacil mayor con el tratamiento y sus antiguos emolumentos. Elegimos y nombramos tales en la forma siguiente. Sala de lo Civil: gobernador don José Javier de Ascásubi; decano don Pedro Jacinto Escobar; senadores don José Salvador, don Ignacio Tenorio, don Bernardo de León; fiscal don Mariano Merizalde. Sala de lo Criminal, regente don Felipe Fuente Amar; decano don Luis Quijano; senadores don José del Corral, don Víctor de Sanmiguel, don Salvador Murgueitio; fiscal don Francisco Javier de Salazar; protector general don Tomás Arrechaga; alguacil mayor don Antonio Solano de la Sala. Si alguno de los sujetos nombrados por esta soberana diputación renunciase al en cargo sin justa y legítima causa, la junta le admitirá la renuncia si lo tuviere por conveniente, pero se le advertirá antes, que será reputado como mal patriota y vasallo, y excluido para siempre de todo empleo público. El que disputase la legitimidad de la Junta Suprema constituida por esta acta, tendrá toda libertad, bajo la salvaguardia de las leyes, de presentar por escrito sus fundamentos, y una vez que se declaren fútiles, ratificada que sea la autoridad que le es conferida, se le intimará obediencia, lo cual no haciendo, se le tendrá y tratará como a reo de Estado.

Dada y firmada en el Palacio Real de Quito a 10 de agosto de 1809.

Manuel de Angulo. Antonio Pineda. Manuel Cevallos. Joaquín de la Barrera. Juan Ante y Valencia. Vicente Paredes. Nicolás Vélez. Francisco Romero. Juan Pino. Lorenzo Romero. Juan Vinsarro y Bonilla. Manuel Romero. José Ribadeneira. Ramón Puente. Antonio Bustamante. José Álvarez. Juan Coello. Gregorio Flor de la Bastida. José Ponce.

Miguel Donoso. Mariano Villalobos. Cristóbal Garcés. Toribio Ortega. Tadeo Antonio Arellano. Antonio de Sierra. Francisco Javier de Ascásubi. Luis Vargas. José Padilla. Nicolás Jiménez. Ramón Maldonado y Ortega. Nicolás Vélez. Manuel Romero. José Rosmediano. Vicente Melo. Francisco Villalobos. Juan Barreto.

Bolivia[4]

Acta de independencia del 25 de mayo de 1809
Lanzándose furioso el León de Iberia desde las columnas de Hércules hasta los imperios de Moctezuma y de Atahualpa, es por muchas centurias que ha despedazado el desgraciado cuerpo de América y nutrídose con su sustancia. Todos los Estados del continente pueden mostrar al mundo sus profundas heridas para comprobar el dilaceramiento que sufrieron; pero el Alto Perú aún las tiene más enormes y la sangre que vierten hasta el día, es el monumento más auténtico de la ferocidad de aquel monstruo.

Después de dieciséis años que la América ha sido un campo de batalla, y que en toda su extensión los gritos de libertad repetidos por sus hijos se han encontrado los de los unos con los otros sin quedar un ángulo en toda la tierra donde este sagrado nombre no hubiese sido el encanto del americano y la rabia del español; después que en tan dilatada lucha, las naciones del mundo han recibido diferentes informaciones de la justicia y legalidad con que las regiones todas de América han apelado para salvarse a la santa insurrección; cuando los genios de Junín y Ayacucho han purgado la tierra de la raza de los déspotas; cuando en fin, grandes naciones han reconocido ya la independencia de México, Colombia y Buenos Aires, cuyas quejas y agravios, no han sido superiores a los del Alto Perú; sería superfluo presentar un nuevo manifiesto justificativo de la resolución que tomamos.

4   La declaración de la Audiencia de Charcas, del 25 de mayo de 1809, proclamó la independencia de Bolivia. La revolución conducida por Pedro Domingo Murillo fue sofocada. El 6 de agosto de 1825 una asamblea reunida en Chuquisaca, declaró la independencia del país.

El mundo sabe que el Alto Perú ha sido en el continente de América el ara donde se vertió la primera sangre de los libres y la tierra donde existe la tumba del último de los tiranos: que Charcas, Potosí, Cochabamba, La Paz y Santa Cruz, han hecho constantes esfuerzos para sacudir el yugo peninsular, y que la irrectabilidad de sus votos contra el dominio español, su heroica oposición, han detenido mil veces las impetuosas marchas del enemigo sobre regiones que sin esto habrían sido encadenadas, o salvado solo con el último y más prodigioso de los esfuerzos.

El mundo sabe también que colocados en el corazón del continente, destituidos de armas y de toda clase de elementos de guerra; sin las proporciones que los otros Estados para obtenerlos de las naciones de ultramar, los alto-peruanos han abatido el estandarte de los déspotas en Aroma y la Florida, en Chiquitos, Tarabuco, Cintil, Tumusla, en los Valles de Sicasica y Ayopaya, y en otros puntos diferentes; que el incendio bárbaro de más de cien pueblos, el saqueo de las ciudades; cadalsos por cientos levantados contra los libres; la sangre de miles de mártires de la patria ultimados con suplicios atroces que estremecían a los caribes; contribuciones, pechos y exacciones arbitrarias e inhumanas; la inseguridad absoluta del honor, de la vida, de las personas y propiedades, y un sistema en fin inquisitorial, atroz y salvaje, no han podido apagar en el Alto Perú el fuego sagrado de la libertad; el odio santo al poder de Iberia.

Cuando, pues, nos llega la vez de declarar nuestra independencia de la España, y decretar nuestro futuro destino de un modo decoroso, legal y solemne, creemos llenar nuestro deber de respeto a las naciones extranjeras, y de información consiguiente de las razones poderosas y justos fundamentos impulsores de nuestra conducta, reproduciendo cuanto han publicado los manifiestos de los otros Estados de América con respecto a la crueldad, injusticia, opresión y ninguna protección con que han sido tratados por el gobierno español; pero si esto, y la seguridad con que protestamos a presencia del gran padre del universo, que ninguna región del continente de colón ha sido tiranizada como el Alto-Perú, no bastase a persuadir nuestra justicia, apelaremos a la publicidad con que las legiones españolas, y sus jefes más principales, han profanado los altares, atacado el dogma e insultado el culto, al tiempo mismo, que el gabinete de Madrid, ha fomentado, desde la conquista, la más hórrida y destructora superstición; les mostraremos un territorio con más de trescientas leguas de extensión de norte a sur, y casi otros tantos de este a oeste, con ríos navegables, con terrenos feraces, con todos los tesoros del reino vegetal, en las inmensas montañas de Yungas, Apolobamba, Yuracaré, Mojos y Chiquitos; poblado de animales los más preciosos y útiles para el sustento, recreo e industria del hombre, situado donde existe el gran manantial de los metales que hacen la dicha del orbe, y la llenan de opulencia, con una población, en fin, superior a la que tienen las repúblicas Argentina y la de Chile; todo esto les mostraríamos, y diríamos ved que donde ha podido existir un floreciente imperio, solo aparece bajo la torpe y desecante mano de Iberia, el símbolo de la ignorancia, del fanatismo, de la esclavitud e ignominia; venid y ved en una educación bárbara, calculada para romper todos los resortes del alma, en una agricultura agonizante guiada por sola rutina; en el monopolio, escandaloso del comercio; en el desplome e inutilización de nuestras más poderosas minas por la barbarie del poder español; en el cuidado con que en el siglo XIX se ha tratado de perpetuar entre nosotros, solo los conocimientos, artes y ciencias del siglo octavo; venid en fin, y si cuando contempléis a nuestros hermanos los indígenas, hijos del grande Manco Capac, no se cubren vuestros ojos de torrentes de lágrimas, viendo en ellos hombres los más desgraciados, esclavos tan humillados, seres sacrificados a tantas clases de tormentos, ultrajes, y penurias, diréis que respecto de ellos parecían los ilotas, ciudadanos de Esparta, y hombres muy dichosos los nigeros oxandalams del Indostán, concluyendo con nosotros que nada es tan justo, como romper los inicuos vínculos con que fuimos uncidos a la cruel España.

Nosotros habríamos presentado al mundo una nerviosa y gran de manifestación de los sólidos fundamentos con que después de las más graves, prolijas y detenidas meditaciones, hemos creído interesar a nuestra dicha, no asociarnos, ni a la república del Bajo Perú, ni a la del Río de la Plata, si los respetables Congresos de una y otra, presididos de la sabiduría, desinterés y prudencia, no nos hubiesen dejado en plena libertad para disponer de nuestra suerte; pero cuando la ley de 9 de mayo del uno y el decreto de 23 de febrero del otro, muestran notoriamente un generoso y laudable des prendimiento relativamente a nuestro futuro destino, y colocan en nuestras propias manos la libre y espontánea decisión de lo que mejor conduzca a nuestra felicidad y gobierno, protestando a uno y otro Estado eterno reconocimiento, justo con nuestra justa consideración y ardientes votos de amistad, paz y buena correspondencia, hemos venido por unanimidad de sufragios en fijar la siguiente

Declaración

La representación soberana de las provincias del Alto-Perú, profundamente penetrada del grandor e inmenso peso de su responsabilidad para con el cielo y con la tierra en el acto de pronunciar la suerte futura de sus comitentes, despojándose en las aras de la justicia de todo espíritu de parcialidad, interés y miras privadas; habiendo implorado llena de sumisión y de respetuoso ardor la paternal asistencia del Hacedor Santo del orbe, y tranquila en lo íntimo de su conciencia por la buena fe, detención, moderación, justicia y profundas meditaciones que presiden a la presente resolución; declaran solemnemente a nombre y absoluto poder de sus dignos representados, que ha llegado el venturoso día en que los inalterables y ardientes votos del Alto-Perú por emanciparse del poder injusto, opresor y miserable del rey Fernando VII, mil veces corroborados con la sangre de sus hijos, consten con la solemnidad y autenticidad que al presente, y que cese para con esta privilegiada región, la condición degradante de colonia de la España, junto con toda dependencia, tanto de ella como de su actual y posteriores monarcas; que en consecuencia, y siendo al mismo tiempo interesante a su dicha no asociarse a ninguna de las repúblicas vecinas, se erige en un ESTADO SOBERANO E INDEPENDIENTE de todas las naciones, tanto del viejo como del Nuevo Mundo, y los departamentos del Alto-Perú firmes y unánimes en esta tan justa y magnánima resolución, protestan a la faz de la tierra entera que su voluntad irrevocable es gobernarse por sí mismos, y ser regidos por la constitución, leyes y autoridades que ellos propios se dieren y creyesen más conducente a su futura felicidad en clase de nación, y al sostén inalterable de su santa religión católica, y de los sacro santos derechos de honor, vida, libertad, igualdad, propiedad y seguridad. Y para la invariabilidad y firmeza de esta resolución se ligan, vinculan y comprometen por medio de esta representación SOBERANA, a sostenerla tan firme, constante y heroicamente, que en caso necesario sean consagrados con placer a su cumplimiento, defensa e inalterabilidad, la vida misma con los haberes y cuanto hay caro para el hombre. Imprímase y comuníquese a quien corresponde para su publicación y circulación. Dada en la sala de sesiones en 6 de agosto de 1825. Firmada de nuestra mano y refrendada por nuestros diputados secretarios.

José Mariano Serrano, diputado por Charcas, presidente. José María Mendizábal, diputado por La Paz, vicepresidente. José María de Asín, diputado por La Paz. Miguel José de Cabrera, diputado por Cochabamba. Miguel Fermín Aparicio, diputado por La Paz. José Miguel Lanza, diputado por La Paz. Fermín Eyzaguirre, diputado por La Paz. Francisco Vidal, diputado por Cochabamba. Melchor Daza, diputado por Potosí. Manuel José Calderón, diputado por Potosí. Manuel Antonio Arellano, diputado por Potosí. José Ballivián, diputado por La Paz. José Manuel Pérez, diputado por Cochabamba. Martín Cardón, diputado por La Paz. Juan Manuel Velarde, diputado por La Paz. Francisco María Pinedo, diputado por La Paz. José Indalecio Calderón y Sanjinés, diputado por La Paz. Casimiro Olañeta, diputado por Chuquisaca. Manuel Anselmo de Tapia, diputado por Potosí. Manuel María Urcullu, diputado por Chuquisaca. Rafael Monje, diputado por La Paz. Eusebio Gutiérrez, diputado por La Paz. Nicolás de Cabrera, diputado por Cochabamba. Manuel Martín, diputado por Potosí. Manuel Mariano Centeno, diputado por Cochabamba. Dionisio de la borda, diputado por Cochabamba. Manuel Argote, diputado por Potosí. José Antonio Pallares, diputado por Potosí. José Manuel Tames, diputado por Cochabamba. Pedro Terrazas, diputado por Cochabamba. José María Dalence, diputado por Oruro. Melchor Paz, diputado por Cochabamba. Francisco Palazuelos, diputado por Oruro. Miguel Vargas, diputado por

Cochabamba. Antonio Vicente Seoane, diputado por Santa Cruz. Manuel María García, diputado por Potosí. Marcos Escudero, diputado por Cochabamba. Mariano Méndez, diputado por Cochabamba. Manuel Cabello, diputado por Cochabamba. José Mariano Enríquez, diputado por Potosí. Isidro Trujillo, diputado por Potosí. Juan Manuel de Montoya, diputado por Potosí. Ambrosio Mariano Hidalgo, diputado por Oruro. José Martiniano Vargas, diputado por Chichas. Vicente Caballero, diputado por Santa Cruz. José Ignacio de Sanjinés, secretario, diputado por Potosí. Ángel Mariano Moscoso, secretario, diputado por Charcas.

Venezuela[5]

Acta del 19 de abril de 1810

En la ciudad de Caracas a 19 de abril de 1810, se juntaron en esta sala capitular los señores que abajo firmarán, y son los que componen este muy ilustre Ayuntamiento, con motivo de la función eclesiástica del día de hoy, Jueves Santo, y principalmente con el de atender a la salud pública de este pueblo que se halla en total orfandad, no solo por el cautiverio del señor don Fernando VII, sino también por haberse disuelto la Junta que suplía su ausencia en todo lo tocante a la seguridad y defensa de sus dominios invadidos por el emperador de los franceses, y demás urgencias de primera necesidad, a consecuencia de la ocupación casi total de los reinos y provincias de España, de donde ha resultado la dispersión de todos o casi todos los que componían la expresada junta y, por consiguiente, el cese de sus funciones. Y aunque, según las últimas o penúltimas noticias derivadas de Cádiz, parece haberse sustituido otra forma de gobierno con el título de Regencia, sea lo que fue se de la certeza o incertidumbre de este hecho, y de la nulidad de su formación, no puede ejercer ningún mando ni jurisdicción sobre estos países, porque ni ha sido constituido por el voto de estos fieles habitantes, cuando han sido ya declarados, no colonos, una parte integrante de la Corona de España, y como tales han sido llamados al ejercicio de la soberanía interina, y a la reforma de la constitución nacional; y aunque pudiese prescindirse de esto, nunca podría

5   El 19 de abril de 1810, se convocó a un Cabildo abierto y se formó una Junta que destituyó a Vicente Emparan para salvaguardar los derechos de Fernando VII. Más tarde los partidarios de la independencia de Venezuela la declaran el 5 de julio de 1811.

hacerse de la impotencia en que ese mismo gobierno se halla de atender a la seguridad y prosperidad de estos territorios, y de administrarles cumplida justicia en los asuntos y causas propios de la suprema autoridad, en tales términos que por las circunstancias de la guerra, y de la conquista y usurpación de las armas francesas, no pueden valerse a sí mismos los miembros que compongan el indicado nuevo gobierno, en cuyo caso el derecho natural y todos los demás dictan la necesidad de procurar los medios de su conservación y defensa; y de erigir en el seno mismo de estos países un sistema de gobierno que supla las enunciadas faltas, ejerciendo los derechos de la soberanía, que por el mismo hecho ha recaído en el pueblo, conforme a los mismos principios de la sabia Constitución primitiva de España, y a las máximas que ha enseñado y publicado en innumerables papeles la Junta Suprema extinguida. Para tratar, pues, el muy ilustre ayuntamiento de un punto de la mayor importancia, tuvo a bien formar un cabildo extraordinario sin la menor dilación, porque ya pretendía la fermentación peligrosa en que se hallaba el pueblo con las novedades esparcidas, y con el temor de que por engaño o por fuerza fuese inducido a reconocer un gobierno ilegítimo, invitando a su concurrencia al señor Mariscal de Campo don Vicente de Emparan, como su presidente, el cual lo verificó inmediatamente, y después de varias conferencias, cuyas resultas eran poco o nada satisfactorias al bien público de este leal vecindario, una gran porción de él congregada en las inmediaciones de estas casas consistoriales, levantó el grito, aclamando con su acostumbrada fidelidad al señor don Fernando VII y a la soberanía interina del mismo pueblo; por lo que habiéndose aumentado los gritos y aclamaciones, cuando ya disuelto el primer tratado, marchaba el Cuerpo Capitular a la iglesia metropolitana, tuvo, por conveniente y necesario retroceder a la sala del Ayuntamiento, para tratar de nuevo sobre la seguridad y tranquilidad pública. Y entonces, aumentándose la congregación popular y sus clamores por lo que más le importaba, nombró para que representasen sus derechos, en calidad de diputados, a los señores doctores don José Cortés de Madariaga, canónigo de merced de la mencionada iglesia; doctor Francisco José de Rivas, presbítero; don José Félix Sosa y don Juan Germán Roscio, quienes llamados y conducidos a esta sala con los prelados de las religiones fueron admitidos, y estando con los señores de este muy ilustre cuerpo entraron en las conferencias conducentes, hallándose también presentes el señor don Vicente Basadre, intendente del ejército y real hacienda, y el señor brigadier don Agustín García, comandante subinspector de artillería; y abierto el tratado por el señor presidente, habló en primer lugar después de su señoría y el diputado primero en el orden con que quedan nombrados, alegando los fundamentos y razones del caso, en cuya inteligencia dijo entre otras cosas el señor presidente, que no quería ningún mando, y saliendo ambos al balcón notificaron al pueblo su deliberación; y resultando conforme en que el mando supremo quedase depositado en este Ayuntamiento muy ilustre, se procedió a lo demás que se dirá, y se reduce a que cesando igualmente en su empleo el señor don Vicente Basadre, quedase subrogado en su lugar el señor don Francisco de Berrío, fiscal de Su Majestad en la Real Audiencia de esta capital, encargado del despacho de su Real Hacienda; que cesase igualmente en su respectivo mando el señor brigadier don Agustín García y el señor don José Vicente de Anca, auditor de guerra, asesor general de gobierno y teniente gobernador, entendiéndose el cese para todos estos empleos; que continuando los demás tribunales en sus respectivas funciones, cesen del mismo modo en el ejercicio de su ministerio los señores que actualmente componen el de la Real Audiencia, y que el muy ilustre Ayuntamiento, usando de la suprema autoridad depositada en él, subrogue en lugar de ellos los letra dos que merecieron su confianza; que se conserve a cada uno de los empleados comprendidos en esta suspensión el sueldo fijo de sus respectivas plazas y graduaciones militares; de tal suerte, que el de los militares, ha de quedar reducido al que merezca su grado, conforme a ordenanza; que continúen las órdenes de policía por ahora, exceptuando las que se han dado sobre vagos, en cuanto no sean conformes a las leyes y prácticas que rigen en estos dominios legítimamente comunicadas, y las dictadas novísimamente sobre anónimos, y sobre exigirse pasaporte y filiación de las personas conocidas y notables, que no pueden equivocarse ni confundirse con otras intrusas, incógnitas y sospechosas; que el muy ilustre ayuntamiento para el ejercicio de sus funciones colegiadas haya de asociarse con los diputados del pueblo, que han de tener en él voz y voto en todos los negocios; que los demás empleados no comprendidos en el cese continúen por ahora en sus respectivas funciones, quedando con la misma calidad sujeto el mando de las armas a las órdenes inmediatas del teniente coronel don Nicolás de Castro y capitán don Juan Pablo de Ayala, que obrarán con arreglo a las que recibieren del muy ilustre Ayuntamiento como depositario de la suprema autoridad; que para ejercerla con mejor orden en lo sucesivo, haya de formar cuanto antes el plan de administración y gobierno que sea más conforme a la voluntad general del pueblo; que por virtud de las expresadas facultades pueda el ilustre ayuntamiento tomar las providencias del momento que no admitan de mora, y que se publique por bando esta acta, en la cual también se insertan los demás diputados que posteriormente fueron nombra dos por el pueblo, y son el teniente de caballería don Gabriel de Ponte, don José Félix Ribas y el teniente retirado don Francisco Javier Ustáriz, bien entendido que los dos primeros obtuvieron sus nombramientos por el gremio de pardos, con la calidad de suplir el uno las ausencias del otro, sin necesidad de su simultánea concurrencia. Es este estado notándose la equivocación padecida en cuanto a los diputados nombrados por el gremio de pardos se advierte ser solo el expresado don José Félix Ribas. Y se acordó añadir que por ahora toda la tropa de actual servicio tenga presto y sueldo doble, y firmaron y juraron la obediencia a este nuevo gobierno.

Vicente de Emparan. Vicente Basadre. Felipe Martínez y Aragón. Antonio Julián Álvarez. José Gutiérrez del Rivero. Francisco de Berrío. Francisco Espejo. Agustín García. José Vicente de Anca. José de las Llamosas. Martín Tovar Ponte. Feliciano Palacios. J. Hilario Mora. Isidoro Antonio López Méndez. Licenciado Rafael González. Valentín de Rivas. José María Blanco. Dionisio Pa lacios. Juan Ascanio. Pablo Nicolás González. Silvestre Tovar Liendo. Doctor Nicolás Anzola. Lino de Clemente. Doctor José Cortés, como diputado del clero y del pueblo. Doctor Francisco José Rivas como diputado del clero y del pueblo. Doctor Juan Germán Roscio, como diputado del pueblo. Doctor Félix Sosa. José Félix Ribas. Francisco Javier Ustáriz. Fray Felipe Mota, prior. Fray Marcos Romero, guardián de San Francisco. Fray Bernardo Lanfranco, comendador de la Merced. Doctor Juan Antonio Rojas Queipo, rector del Seminario. Nicolás de Castro. Juan Pablo Aya la. Fausto Viaña, escribano real y del nuevo Gobierno. José Tomás Santana, secretario escribano.

Publicación del acta del Ayuntamiento

En el mismo día, por disposición de lo que se manda en el acuerdo que antecede, se hizo publicación de éste en los parajes más públicos de esta ciudad, con general aplauso y aclamaciones del pueblo, diciendo: ¡Viva nuestro rey Fernando VII, nuevo gobierno, muy ilustre ayuntamiento y diputados del pueblo que lo representan! Lo que ponemos por diligencia, que firmamos los infrascritos escribanos de que damos fe.

Viaña, Santana

Acta solemne de Independencia

En el nombre de Dios todo poderoso.

Nosotros los representantes de las Provincias Unidas de Caracas, Cumaná, Barinas, Margarita, Barcelona, Mérida, y Trujillo, que forman la Confederación Americana de Venezuela, en el continente meridional, reunidos en el Congreso, y considerando la plena y absoluta posesión de nuestros derechos, que recobramos justa y legislativamente desde el 19 de abril de 1810, en consecuencia de la jornada de Bayona y la ocupación del trono español por la conquista y sucesión de otra nueva dinastía constituida sin nuestro consentimiento, queremos antes de usar de los derechos de que nos tuvo privados la fuerza por más de tres siglos, y nos ha restituido el orden político de los acontecimientos humanos, patentizar al Universo las razones que han emanado de estos mismos acontecimientos, y autorizar el libre uso, que vamos a hacer de nuestra soberanía.

No queremos sin embargo, empezar, alegando los derechos que tiene todo país conquistado, para recuperar su estado de propiedad e independencia. Olvidamos generosamente la larga serie de males, agravios y privaciones que el derecho funesto de conquista, ha causado indistintamente a todos los descendientes de los descubridores, conquistadores y pobladores de estos países, hechos de peor condición por la misma razón que debía favorecerlos y corriendo un velo sobre los 300 años de dominación española en América, solo presentaremos los hechos auténticos y notorios que han debido desprender y han desprendido de derecho a un mundo de otro en el trastorno, desorden y conquista que tiene ya disuelta la nación española.

Este desorden ha aumentado los males de la América inutilizándole los recursos y reclamaciones, autorizando la impunidad de los gobiernos de España, para insultar y oprimir esta parte de la nación, dejándola sin el amparo y garantía de las leyes.

Es contrario al orden, imposible al gobierno de España y funesto a la América, el que teniendo ésta un territorio, infinitamente más extenso, y una población incomparablemente más numerosa, dependa y esté sujeta a un ángulo peninsular del continente europeo.

Las cesiones y abdicaciones de Bayona, las jornadas del Escorial y de Aranjuez, y las órdenes del lugarteniente, duque de Berg, a la América debieron poner en uso los derechos que hasta entonces habían sacrificado los americanos a la unidad e integridad de la nación española.

Venezuela, antes que nadie reconoció y conservó generosamente esta integridad, por no abandonar la causa de sus hermanos, mientras tuvo la menor apariencia de salvación.

La América volvió a existir de nuevo, desde que pudo y debió tomar a su cargo su suerte y conservación, como la España pudo reconocer, o no, los derechos de un rey que había apreciado más su existencia, que la dignidad de la nación que gobernaba.

Cuantos Borbones concurrieron a las inválidas estipulaciones de Bayona, abandonando el territorio español contra la voluntad de los pueblos, faltaron, despreciaron y hollaron el deber sagrado que contrajeron con los españoles de ambos mundos, cuando con su sangre y sus tesoros, los colocaron en el trono a despecho de la casa de Austria; por esta condición quedaron inhábiles o incapaces de gobernar a un pueblo libre a quien entregaron como un rebaño de esclavos.

Los intrusos gobiernos que se arrogaron la representación nacional, aprovecharon pérfidamente las disposiciones que la buena fe, la distancia, la opresión y la ignorancia, daban a los americanos contra la nueva dinastía, que se introdujo en España por la fuerza y contra sus mismos principios, sostuvieron entre nosotros la ilusión a favor de Fernando, para devorarnos y vejarnos impunemente cuando más nos prometían la libertad, la igualdad y la fraternidad en discursos pomposos y frases estudiadas, para encubrir el lazo de una representación amañada, inútil y degradante.

Luego que se disolvieron, sustituyeron y destruyeron las varias formas de gobierno de España y que la ley imperiosa de la necesidad, dictó a Venezuela el conservarse a sí misma para ventilar y conservar los derechos de su rey, y ofrecer un asilo a sus hermanos de Europa, contra los males que les amenazaban, se desconoció toda su anterior conducta, se borraron los principios y se llamó insurrección, perfidia e ingratitud, a lo mismo que sirvió de norma a los gobiernos de España, porque ya se les cerraba la puerta al monopolio de administración, que querían perpetuar a nombre de un rey imaginario.

A pesar de nuestras protestas, de nuestra moderación, de nuestra generosidad y de la inviolabilidad de nuestros principios; contra la voluntad de nuestros hermanos de Europa, se nos declara en estado de rebelión, se nos bloquea, se nos hostiliza, se nos envían agentes a amotinarnos unos contra otros, y se procura desautorizarnos entre todas las naciones del mundo implorando el auxilio para deprimirnos.

Sin hacer el menor aprecio de nuestras razones, sin presentar las al imparcial juicio del mundo, y sin otros jueces que nuestros enemigos, se nos condena a una dolorosa incomunicación con nuestros hermanos, y para añadir el desprecio a la calumnia, se nos nombra apoderados, contra nuestra expresa voluntad, para que en sus cortes dispongan arbitrariamente de nuestros intereses, bajo el influjo y la fuerza de nuestros enemigos.

Para sofocar y anonadar los efectos de nuestra representación, cuando se vieron obligados a concedérnoslas, nos sometieron a una tarifa mezquina y diminuta, y sujetaron a la voz pasiva de los ayuntamientos, degradadas por el despotismo de los gobernadores las formas de elección, lo que era un insulto a nuestra sencillez y buena fe, más bien que una consideración a nuestra incontestable importancia política.

Sordos siempre a los gritos de nuestra justicia, han procurado los gobiernos de España desacreditar todos nuestros esfuerzos, declarando criminales, y sellando con la infamia, el cadalso y la confiscación, todas las tentativas, que en diversas épocas han hecho algunos americanos, para la felicidad de su país como lo fue la que últimamente nos dictó la propia seguridad, para no ser envueltos en el desorden que presentíamos y conducidos a la horrorosa suerte, que vamos a apartar de nosotros para siempre. Con esta atroz política han logrado hacer a nuestros hermanos insensibles a nuestra desgracia, armarlos contra nosotros, borrar de ellos las dulces expresiones de la amistad y de la consanguinidad y convertir en enemigos una parte de nuestra familia.

Cuando nosotros fieles a nuestras promesas sacrificábamos nuestra seguridad y dignidad civil, por no abandonar los derechos que generosamente conservábamos a Fernando de Borbón, hemos visto que las relaciones de la fuerza, que lo ligaban con el emperador de los franceses, ha añadido los vínculos de sangre y de amistad, por los que hasta los gobiernos de España, han declarado ya su resolución de no reconocerlo sino condicionalmente.

En una dolorosa alternativa hemos permanecido tres años en una indecisión y ambigüedad política tan funesta y peligrosa, que ella sola bastaría a autorizar la resolución que la fe de nuestra promesa, y los vínculos de la fraternidad nos habían hecho diferir, hasta que la necesidad nos ha obligado a ir más allá de lo que nos propusimos, impelidos por la conducta hostil y desnaturalizada de los gobiernos de España, que nos ha relevado del juramento condicional, con que hemos sido llamados a la augusta representación que ejercemos.

Mas nosotros, que nos gloriamos de fundar nuestro proceder en mejores principios y que no queremos establecer nuestra felicidad, sobre la desgracia de nuestros semejantes, miramos y declaramos como amigos nuestros, compañeros de nuestra suerte y partícipes de nuestra felicidad, a los que unidos con nosotros por los vínculos de la sangre, la lengua y la religión, han sufrido los mismos males en el anterior orden siempre que reconociendo nuestra absoluta independencia de él y de toda otra dominación extraña, nos ayuden a sostenerla, con su vida, su fortuna y su opinión, declarándolos y reconociéndolos (como a todas las demás naciones) en guerra enemigos, y en paz amigos, hermanos y compatriotas.

En atención a todas estas sólidas, públicas e incontestables razones de política, que tanto persuaden la necesidad de recobrar la dignidad natural, que el orden de los sucesos nos ha restituido en uno de los imprescriptibles derechos que tienen los pueblos, para destruir todo pacto, convenio o asociación que no llena los fines para que fueron instituidos los gobiernos, creemos, que no podemos ni debemos conservar los lazos que nos ligaban al gobierno de España, y que todos los pueblos del mundo estamos libres y auto rizados para no depender de otra autoridad que la nuestra y tomar entre las provincias de la tierra el puesto igual que el Ser Supremo y la naturaleza nos asignan, ya que nos llama la sucesión de los acontecimientos humanos y nuestro propio bien y utilidad.

Sin embargo de que conocemos las dificultades que trae con sigo y las obligaciones que nos impone el rango, que vamos a ocupar en el orden político del mundo y la influencia poderosa de las formas y habitudes a que hemos estado a nuestro pesar acostumbrados; también conocemos que la vergonzosa sumisión a ellas, cuando podemos sacudirlas, sería más ignominioso para nosotros y más funesto para nuestra posteridad, que nuestra larga y penosa servidumbre, y que es ya de nuestro indispensable saber proveer a nuestra conservación, seguridad y felicidad, variando esencialmente todas las formas de nuestra anterior constitución.

Por tanto, creyendo con todas estas razones satisfecho el respeto, que debemos a las opiniones del género humano, y a la dignidad de las demás naciones en cuyo número vamos a entrar, y con cuya comunicación y amistad contamos, Nosotros los representantes de las Provincias Unidas de Venezuela, poniendo por testigo al Ser Supremo de la justicia de nuestro proceder y de la rectitud de nuestras intenciones, implorando sus divinos y celestiales auxilios y ratificándole en el momento que nacemos a la dignidad, que su providencia nos restituye el deseo de vivir y morir libres creyendo y defendiendo la santa católica y apostólica religión de Jesucristo, como el primero de nuestros deberes. Nosotros, pues, a nombre y con voluntad y autoridad que tenemos del virtuoso pueblo de Venezuela, declaramos solemnemente al mundo que sus Provincias Unidas son y deben ser, de hoy más de hecho y de derecho, estados libres, soberanos e independientes, y que están absueltos de toda sumisión y dependencia de la corona de España, o de los que se dicen o dijeren sus apoderados o representantes, y que como tal Estado libre e independiente, tiene un pleno poder para darse la forma de gobierno que sea conforme a la voluntad general de sus pueblos, declarar la guerra, hacer la paz, formar alianza, arreglar tratados de comercio, límites y navegación, y hacer ejecutar todos los demás actos, que hacen y ejecutan las naciones libres e independientes. Y para hacer válida, firme y subsistente esta nuestra solemne declaración, damos y empeñamos mutuamente unas provincias a otras nuestras vidas, nuestras fortunas y el sagrado de nuestro honor nacional.

Dada en el Palacio Federal de Caracas, firmada de nuestra mano, sellada con el gran sello provisional de la Confederación y refrendada por el secretario del Congreso a 5 días del mes de julio del año de 1811, primero de nuestra Independencia.

Juan Antonio Rodríguez Domínguez, presidente diputado de Nutrias. Luis Ignacio Mendoza, vicepresidente diputado de la villa de Obispos.

Por la provincia de CARACAS: Isidoro Antonio López Méndez, diputado de la Capital. Juan Germán Roscio, diputado por la Villa de Calabozo. Francisco Javier de Ustáriz, diputado de San Sebastián. Fernando de Peñalver, diputado de Valencia. Salvador Delgado, diputado de Nirgua. J. A. Díaz Argote, diputado de la Villa de Cura. Juan José de Maya, diputado de San Felipe. José Vicente de Unda, diputado de Guanare. Felipe F. Paúl, diputado de San Sebastián. Nicolás de Castro, diputado de Caracas. Gabriel Pérez de Pagola, diputado de Ospino. El marqués del Toro, diputado del Tocuyo. Gabriel de Ponte, diputado de Caracas. Luis José de Cazorla, diputado de Valencia. Francisco Javier Yánez, diputado de Araure. Fernando Toro, diputado de Caracas. Martín Tovar Ponte, diputado de San Sebastián. Juan Toro, diputado de Valencia. José Ángel Álamo, diputado de Barquisimeto. Francisco Hernández, diputado de San Carlos. Lino de Clemente, diputado de Caracas.

Por la provincia de CUMANÁ: F. Javier de Mayz, diputado de la Capital. Mariano de la Cova, diputado del Norte. José Gabriel de Alcalá, diputado de la Capital. Juan Bermúdez, diputado del Sur.

Por la provincia de BARINAS: Juan Nepomuceno Quintana, diputado de Achaguas. José de Sata y Busy, diputado de San Fernando. Ignacio Fernández, diputado de Barinas. Ignacio Briceño, diputado de Pedraza. Ramón Ignacio Méndez, diputado de Guasdualito. José Luis Cabrera, diputado de Guanarito. Manuel Palacio, diputado de Mijagual.

Por la provincia de BARCELONA: Francisco de Miranda, diputado del Pao. Francisco P. Ortiz, diputado de San Diego. José María Ramírez, diputado de Aragua.

Por la provincia de MARGARITA: Manuel Plácido Maneiro, diputado de Margarita.

Por la provincia de MÉRIDA: A. Nicolás Briceño, diputado de Mérida. Manuel Vicente de Maya, diputado de La Grita.

Por la provincia de TRUJILLO: Juan Pablo Pacheco, diputado de Trujillo.

Francisco Isnardi Secretario

Argentina[6]

Proclama de la Junta Provisoria Gubernativa del 25
de mayo de 1810

La junta provisional Gubernativa de la Capital del Río de la
Plata, a los habitantes de ella y de las provincias de su Superior mando.

Tenéis ya establecida la autoridad que remueve la incertidumbre de las opiniones y calma todos los recelos. Las aclamaciones generales manifiestan vuestra decidida voluntad;
y solo ella ha podido resolver nuestra timidez a encargarnos
del grave empeño a que nos sujeta el honor de la elección.
Fijad pues, vuestra confianza, y aseguraos de nuestras intenciones. Un deseo eficaz, un celo activo, y una contracción viva y asidua a proveer, por todos los me dios posibles,
la conservación de nuestra religión santa, la observancia de
las leyes que nos rigen, la común prosperidad y el sostén de
estas posesiones en la más constante fidelidad y adhesión a
nuestro muy amado rey, el señor don Fernando VII y sus
legítimos sucesores en la corona de España; ¿no son estos
vuestros sentimientos? — Esos mismos son los objetos de
nuestros conatos. Reposad en nuestro desvelo y fatigas; dejad
a nuestro cuidado todo lo que en la causa pública dependa de
nuestras facultades y arbitrios, y entregaos a la más estrecha
unión y conformidad recíproca en la tierna fusión de estos

6   El 25 de mayo de 1810, el virrey Baltasar Hidalgo de Cisneros, fue
     destituido y se constituyó la primera Junta de gobierno presidida por
     Cornelio Saavedra. Esta pretendió constituir un gobierno autónomo
     hasta que Fernando VII recuperase el trono de España. El 9 de julio
     de 1816, el Congreso de Tucumán declaró la independencia de las
     Provincias Unidas del Río de la Plata de España.

afectos. Llevad a las provincias todas de nuestra dependencia, y aún más allá, si puede ser, hasta los últimos términos de la tierra, la persuasión del ejemplo de vuestra cordialidad, y del verdadero interés con que todos debemos cooperar a la consolidación de esta importante obra. Ella afianzará de un modo estable la tranquilidad y bien general a que aspiramos. Real Fortaleza de Buenos Aires, a 25 de mayo de 1810. Cornelio de Saavedra. Doctor Juan José Castelli. Manuel Belgrano. Miguel de Azcuénaga. Doctor Manuel Alberti. Domingo Mathéu. Juan Larrea. Doctor Juan José Passo, secretario. Doctor Mariano Moreno, secretario.

Acta de la Declaración de la Independencia argentina del 9 de julio de 1816

En la benemérita y muy digna ciudad de San Miguel del Tucumán a 9 días del mes de julio de 1816: Terminada la sesión ordinaria el Congreso de las provincias Unidas continuó sus anteriores discusiones sobre el grande y augusto objeto de la independencia de los pueblos que lo forman: era universal, constante y decidido el clamor del territorio entero por su emancipación solemne del poder despótico de los reyes de España; los representantes, sin embargo, consagraron a tan arduo asunto toda la profundidad de sus talentos, la rectitud de sus intenciones, e interés que demanda la sanción de la suerte suya, pueblos representados y posteridad: A su término fueron preguntados: ¿Si querían que las provincias de la Unión fuesen una nación libre e independiente de los reyes de España y su metrópoli? Aclamaron primero llenos del santo ardor de la justicia, y uno a uno reiteraron sucesivamente su unánime y espontáneo decidido voto por la independencia del país, fijando en su virtud la determinación siguiente: Nos, los representantes de las Provincias Unidas en Sudamérica, reunidos en congreso general, invocando al Eterno que preside el universo, en el nombre y por autoridad de los pueblos que re presentamos, protestando al cielo, a las naciones y hombres todos del globo, la justicia que regla nuestros votos: Declaramos solemnemente a la faz de la tierra que, es voluntad unánime e indubitable de estas provincias romper los violentos vínculos que las ligaban a los reyes de España, recuperar los derechos de que fueron despojados, e investirse del alto carácter de una nación libre e independiente del rey Fernando VII, sus sucesores y metrópoli; que dan en consecuencia de hecho y de derecho con amplio y pleno poder para darse las formas que exija la justicia, e impere el cúmulo de sus actuales circunstancias. Todas y cada una de ellas así lo publican, declaran y ratifican comprometiéndose por nuestro me dio al cumplimiento y sostén de esta su voluntad bajo el seguro y garantía de sus vidas, haberes y famas. Comuníquese a quienes corresponda para su publicación, y en obsequio del respeto que se debe a las naciones, detállense en un manifiesto los gravísimos fundamentos impulsivos de esta solemne declaración.

Dada en la sala de sesiones, firmada de nuestra mano, sellada con el sello del Congreso y refrendada por nuestros diputados secretarios. Francisco Narciso de Laprida, diputado por San Juan, Presidente. Mariano Bocdo, vicepresidente, diputado por Salta. Doctor Antonio Sáenz, diputado de Buenos Aires. Doctor Josef Darragueyra, diputado por Buenos Aires. Fray Cayetano Josef Rodríguez, diputado por Buenos Aires. Doctor Pedro Medrano, diputado por Buenos Aires. Doctor Manuel Antonio Acevedo, diputado por Catamarca. Doctor Josef Ignacio de Corrit, diputado por Salta. Doctor Josef Andrés Pacheco de Melo, diputado por Chichas. Doctor Teodoro Sánchez de Bustamente, diputado por la ciudad de Jujuy y su territorio. Eduardo Pérez Vulnes, diputado por Córdoba. Tomás Godoy Cruz, diputado por Mendoza. Doctor Pedro Miguel Argo, diputado por la capital del Tucumán. Doctor Esteban Agustín Guzcón, diputado por la provincia de Buenos Aires. Pedro Francisco de Uriarte, diputado por Santiago del Estero. Pedro León Gallo, diputado por Santiago del Estero. Pedro Ignacio Rivera, diputado por Mizque. Doctor Mariano Sánchez de Loria, diputado por Charcas. Doctor Josef Severo Malavia, diputado por Charcas. Doctor Pedro Ignacio de Castro Barros, diputado por La Rioja. Licenciado Jerónimo Salguero de Cabrera y Cabrera, diputado por Córdoba. Doctor Josef Colombres, diputado por Catamarca. Doctor José Ignacio Támez, diputado por Tucumán. Fray Justo Santamaría de Oro, diputado por San Juan. Josef Antonio Cabrera, diputado por Córdoba. Doctor Juan Agustín Bielza, diputado por Mendoza. Tomás Manuel de Anchorena, diputado por Buenos Aires. Josef Mariano Serrano, diputado por Charcas. Juan Josef Pasos, diputado por Buenos Aires, secretario.

Colombia[7]

Acta de la revolución del 20 de julio de 1810
Cabildo extraordinario. En la ciudad de Santafé a 20 de julio de 1810, y hora de las seis de la tarde, se presentaron los SS. M.I.C. en calidad de extraordinario, en virtud de haberse juntado el pueblo en la plaza pública y proclamado por su diputado al señor regidor don José Acevedo y Gómez, para que le propusiese los vocales en quienes el mismo pueblo iba a depositar el Supremo Gobierno del Reino; y habiendo hecho presente dicho señor regidor que era necesario contar con la autoridad del actual jefe, el Exmo. señor don Antonio Amar, se mandó una diputación compuesta del señor contador de la Real Casa de moneda don Manuel de Pombo, el doctor don Miguel de Pombo y don Luis Rubio, vecinos, a dicho señor Exmo. haciéndole presente las solicitudes justas y arregladas de este pueblo, y pidiéndole para su seguridad y por las ocurrencias del día de hoy, pusiese a disposición de este cuerpo las armas, mandando por lo pronto una compañía para resguardo de las casas capitulares, comandada por el capitán don Antonio Baraya. Impuesto S.E. de las solicitudes del pueblo, se prestó con la mayor franqueza a ellas. Enseguida se manifestó al mismo pueblo la lista de los sujetos que había

7   El 20 de julio de 1810, en Bogotá se constituyó una Junta rebelde que depuso al virrey Antonio Amar y Bordón y tomó el poder en nombre de Fernando VII. Así se inició en el Virreinato de Santa Fe la llamada «Patria Boba». Hubo oposición a las nuevas autoridades desde posiciones centralistas y federalistas. En julio de 1813, el Colegio Electoral de Bogotá nombró a Antonio Nariño Dictador Perpetuo y, el 16 de julio de 1813, Cundinamarca proclamó su independencia de España.

proclamado anteriormente, para que unidos a los miembros legítimos de este cuerpo, con exclusión de los intrusos don Bernardo Gutiérrez, don Ramón Infiesta, don Vicente Rojo, don José Joaquín Álvarez, don Lorenzo Marroquín, don José Carpintero y don Joaquín Urdaneta (salva la memoria del intendente patricio doctor don Carlos de Burgos) se deposite en toda la Junta el Supremo Gobierno de este Reino interinamente, mientras la misma Junta forma la Constitución que afiance la felicidad pública, contando con las nobles provincias, a las que en el instante se les pedirán sus diputados, formando este cuerpo el reglamento para las elecciones en dichas provincias, y tanto éste como la constitución de gobierno debieran formarse sobre las bases de libertad, independencia respectiva de ellas, ligados únicamente por un sistema federativo, cuya representación deberá residir en esta capital, para que vele por la seguridad de la Nueva Granada, que protesta no abdicar los derechos imprescriptibles de la soberanía del pueblo a otra persona que a la de su augusto y desgraciado monarca don Fernando VII, siempre que venga a reinar entre nosotros, quedando por ahora sujeto este nuevo gobierno a la Superior Junta de Regencia ínterin exista en la Península, y sobre la Constitución que le dé el pueblo, y en los términos dichos, y después de haberle exhortado el señor regidor, su diputado, a que guardase la inviolabilidad de las personas de los europeos en el momento de esta fatal crisis, porque de la recíproca unión de los americanos y los europeos debe resultar la felicidad pública, protestando que el nuevo gobierno castigará a los delincuentes conforme a las leyes, y concluyó recomendando muy particularmente al pueblo la persona del Exmo. señor don Antonio Amar; respondió al pueblo con las señales de la mayor complacencia aprobando cuanto expuso su diputado. Y enseguida, se leyó la lista de las personas elegidas y proclamadas en quienes con el ilustre cabildo ha depositado el gobierno supremo del reino, y fueron los señores doctor don Juan Bautista Pey, arcediano de esta Santa Iglesia. José Sanz de Santamaría, tesorero de esta Real Casa de Moneda; don Manuel Pombo, contador de la misma; doctor don Camilo de Torres, don Luis Caicedo y Flórez, doctor don Miguel Pombo, don Francisco Morales, doctor don Pedro Groot, doctor don Fruto Gutiérrez, doctor don José Miguel Pey, alcalde ordinario de primer voto; don Juan Gómez, de segundo; doctor don Luis Azuola, doctor don Manuel Álvarez, doctor don Ignacio Herrera, don Joaquín Camacho, doctor don Emigdio Benítez, el capitán don Antonio Baraya, teniente coronel José María Moledo, El R.P. Fr. Diego Padilla, don Sinforoso Mutis, doctor don Juan Francisco Serrano Gómez, don José Martín París, administrador de tabacos; doctor don Antonio Morales, doctor don Nicolás Mauricio de Omaña.

En este estado proclamó el pueblo con vivas y aclamaciones a favor de todos los nombrados; y notando la moderación de su diputado el expresado señor regidor don José Acevedo, dijo que debía ser el primero de los vocales, y enseguida nombró también de tal vocal al señor magistral doctor don Andrés Rosillo, aclamando su libertad como lo ha hecho en toda la tarde, y protestando ir en este momento a sacarlo de la prisión en donde se halla; el señor regidor hizo presente a la multitud los riesgos a que se exponía la seguridad personal de los individuos del pueblo si le precipitaba a una violencia, ofreciéndole que la primera disposición que tomará la Junta será la libertad de dicho señor magistral y su incorporación en ella. En este estado, habiendo concurrido los vocales electos, con todos los vecinos notables de la ciudad, prelados, eclesiásticos, seculares y regulares, con asistencia del señor don Juan Jurado, oidor de esta Real Audiencia, a nombre y representando la persona del Exmo. señor don Antonio Amar, y habiéndole pedido el congreso pusiese el parque de artillería a su disposición por las desconfianzas que tiene el pueblo, y excusándose por falta de facultades, se mandó una diputación a S.E. compuesta de los señores doctor don Miguel Pey, don José Moledo y doctor don Camilo Torres, pidiéndole mandase poner dicho parque a las órdenes de don José Ayala. Impuesto S.E. del mensaje contestó que lejos de dar providencia ninguna contraria a la seguridad del pueblo, había prevenido que la tropa no hiciese el menor movimiento, y que bajo de esta confianza viese el congreso qué nuevas medidas quería tomar en esta parte; se le respondió que los individuos del mismo Congreso descansaban con la mayor confianza en la verdad de S.E., pero que el pueblo no se aquietaba, sin embargo, de habérselo repetido varias veces desde los balcones, por su diputado, que no tenía que temer en esta parte, y que era preciso para lograr su tranquilidad, que fuese a encargarse y cuidar de la artillería una persona de su satisfacción, que tal lo era el referido don José de Ayala. En cuya virtud previno dicho Exmo. señor virrey, que fuese el mayor de plaza, don Rafael de Córdova con el citado Ayala a dar esta orden al comandante de artillería, y así se ejecutó. En este estado, impuesto el Congreso del vacío de facultades que expuso el señor oidor don Juan Jurado, mandó otra diputación suplicando a S.E, se sirviese concurrir personalmente, a que se excusó por hallarse enfermo; y habiéndolas delegado todas verbalmente a dicho señor oidor según expusieron los diputados, se repitió el mensaje para que las mande por escrito con su secretario don José de Leyva, a fin de que se puedan dar las disposiciones convenientes sobre la fuerza militar, y de que autoricen este acto. Entre tanto se recibió juramento a los señores vocales presentes, que hicieron en esta forma a presencia del M.I. cabildo y en manos del señor regidor, primer diputado del pueblo, don José Acevedo y Gómez, puesta la mano sobre los Santos Evangelios y la otra formada la señal de la cruz a presencia de Jesucristo crucificado, dijeron: Juramos por el Dios que existe en el cielo, cuya imagen está presente y cuyas sagradas y adorables máximas contiene este libro, cumplir religiosamente la Constitución y voluntad del pueblo expresada en esta acta, acerca de la forma del gobierno provisional que ha instalado, derramar hasta la última gota de nuestra sangre por defender nuestra sagrada religión C. A. R.,[8] nuestro amadísimo monarca Fernando VII y la libertad de la patria, conservar la libertad e independencia de este reino en los términos acordados, trabajar con infatigable celo para formar la Constitución bajo los puntos acordados y, en una palabra, cuanto conduzca a la felicidad de la patria. En este estado me previno dicho señor regidor diputado, a mí, el secretario, certificase el motivo que ha tenido para extender esta acta hasta donde se halla. En su cumplimiento digo que: habiendo venido dicho señor diputado a la oración, llamado a Cabildo extraordinario, el pueblo lo aclamó luego que lo vio en las galerías de cabildo, y después de haberle excitado dicho señor a la tranquilidad, el pueblo le gritó se encargase de extender el acta, por donde constase que reasumía sus derechos, confiando en su ilustración y patriotismo, lo hiciese del modo más conforme a la tranquilidad y felicidad pública; cuya comisión aceptó dicho señor. Lo que así certifico bajo juramento y que esto mismo proclamó todo el pueblo. Eugenio Martín Melendro.

En ese estado habiendo recibido por escrito la comisión que pedía el señor Jurado a S.E., y esto estando presentes

8   Católica apostólica romana. (N. del E.)

la mayor par te de los señores vocales elegidos por el pueblo, con asistencia de su particular diputado y vocal el señor regidor don José Acevedo, se procedió a oír el dictamen del síndico personero doctor don Ignacio de Herrera, quien impuesto de lo que hasta aquí tiene sancionado el pueblo y consta del acta anterior dirigida por especial comisión y encargo del mismo pueblo, conferido a su diputado el señor regidor don José Acevedo, dijo que el Congreso presente compuesto del M.I.C., cuerpos, autoridades y vecinos, y también de los vocales del nuevo gobierno nada tenía que deliberar, pues el pueblo soberano tenía manifestada su voluntad por el acto más solemne y augusto con que los pueblos libres usan de sus derechos, para depositarlos en aquellas personas que merezcan su confianza; que en esta virtud los vocales procediesen a prestar el juramento y enseguida la Junta dicte las más activas providencias de seguridad pública. Enseguida se oyó el voto de todos los individuos del Congreso que convinieron unánimemente y sobre el que hicieron eruditas arengas, demostrando en ellas los incontestables derechos de los pueblos, y particularmente los de este nuevo reino, que no es posible puntualizar en medio del inmenso pueblo que nos rodea.

El público se ha opuesto en los términos más claros, terminantes y decisivos, a que ninguna persona salga del Congreso antes de que quede instalada la Junta, prestando sus vocales el juramento en manos del señor arcediano gobernador del arzobispado, en la de los dos señores curas de la catedral bajo la fórmula que queda establecida y con la asistencia del señor diputado don José Acevedo, que enseguida presten el juramento de reconocimiento de estilo a este nuevo gobierno los cuerpos civiles, militares y políticos que existen en esta capital, con los prelados seculares y regulares, gobernadores del arzobispado, curas de la catedral y parroquias de la capital, con los rectores de los colegios. Impuesto de todo lo ocurrido hasta aquí, el señor don Juan Jurado, comisionado por S.E. para presidir este acto, expuso no creía poder autorizarla en virtud de la orden escrita que se agrega, sin dar parte antes a S.E. de lo acordado por el pueblo y el Congreso, como considera dicho señor que lo previene S.E. Con este motivo se levantaron sucesivamente varios de los vocales nombrados por el pueblo y con sólidos y elocuentes discursos demostraron ser un delito de lesa Majestad y alta traición el sujetar o pretender sujetar la soberana voluntad del pueblo tan expresamente declarada en este día a la aprobación o improbación de un jefe cuya autoridad ha cesado desde el momento en que este pueblo ha reasumido en este día sus derechos y los ha depositado en personas conocidas y determinadas. Pero reiterando dicho señor su solicitud con el mayor encarecimiento, aun que fuera resignando su toga, para que el señor virrey quedase persuadido del deseo que tenía dicho señor de cumplir su encargo en los términos que cree habérsele conferido. A esta proposición tomó la voz el pueblo ofreciendo a dicho señor garantías y seguridades por su persona y por su empleo; pero que de ningún modo permitía saliese persona alguna de la sala sin que quedara instalada la Junta, pues a la que lo intentare se tratará como a reo de alta traición, según lo había protestado el señor diputado en su exposición, y que le diese a dicho señor certificación de este acto para los usos que le convengan. Y en este estado dijo dicho señor que su voluntad de ningún modo se entendiera ser contraria a los derechos del pueblo que reconoce y se ha hecho siempre honor por su educación y principios de reconocer, que se conforma y jurará el nuevo gobierno con la protesta de que reconozca al Supremo Consejo de Regencia.

Y procediendo al acto del juramento recordaron los vocales, doctor don Camilo Torres y el señor regidor don José Acevedo; que en su voto habían propuesto se nombrase presidente de esta Junta Suprema del Reino al Exmo. señor teniente general don Antonio Amar y Borbón. Y habiéndose vuelto a discutir el negocio le hicieron ver al pueblo con la mayor energía, por el doctor don Fruto Joaquín Gutiérrez, las virtudes y nobles cualidades que adornan a este distinguido y condecorado militar; y más particularmente manifestada en este día y noche, en que por la consumada prudencia, se ha terminado una revolución que amenazaba las mayores catástrofes; y atendida la misma multitud del pueblo que ha concurrido a ella, que pasa de nueve mil personas que se hallan armadas, y comenzaron por pedir la prisión y cabezas de varios ciudadanos, cuyos ánimos se hallaban en la mayor división y recíprocas desconfianzas desde que supo el pueblo del asesinato que se cometió a sangre fría en la villa del Socorro por su corregidor don José Valdés, usando de la fuerza militar; y particularmente, desde ayer tarde en que se aseguró públicamente que en estos días iban a poner en ejecución varios facciosos la fatal lista de diecinueve ciudadanos condenados al cuchillo, porque en sus respectivos empleos han sostenido los derechos de la patria. En cuya consideración, tanto los vocales, cuerpos y vecinos que se hallan presentes, como el pueblo que nos rodea, proclamaron a dicho señor Exmo. don Antonio Amar por presidente de este nuevo gobierno. Con lo cual y nombrando vicepresidente de la Junta Suprema de Gobierno del Reino al señor alcalde ordinario de primer voto doctor don Miguel Pey de Andrade, se procedió al acto del juramento de los señores vocales en los términos acordados. Y enseguida prestaron el de obediencia y reconocimiento de este nuevo Gobierno, el señor Oidor que ha presidido la asamblea; el señor don Rafael de Córdova, mayor de la plaza; el señor teniente coronel don José de Leyva, secretario de S.E.; el señor Arcediano, como gobernador del arzobispado y como presidente del cabildo eclesiástico; el R.P. Provincial de San Agustín; el prelado del colegio de San Nicolás; los curas de catedral y parroquiales; rectores de la universidad y colegios; el señor don José María Moledo como jefe militar; el M.I. cabildo secular, que con las autoridades que se hallan actualmente presentes, omitiéndose llamar por ahora a los que faltan por ser las tres y media de la mañana. En este estado se acordó mandar una diputación al Exmo. señor don Antonio Amar, para que participe a S.E. el empleo que le ha conferido el pueblo de presidente de esta Junta, para que se sirva pasar el día de hoy a las nueve a tomar posesión de él, para cuya hora el presente secretario citará a los demás cuerpos y autoridades que deben jurar la obediencia y reconocimiento de este nuevo Gobierno.

Juan Jurado. Doctor Joseph Miguel Pey. Juan Gómez. Juan Bautista Pey. José María Domínguez del Castillo. Joseph Ortega. Fernando de Benjumea. Joseph de Azevedo Gómez. Francisco Fernández Heredia Suescún. Doctor Ignacio de Herrera. Nepomuceno Rodríguez Lago. Joaquín Camacho. Josef de Leyva. Rafael de Córdova. Josef María Moledo. Antonio Baraya. Manuel Bernardo Álvarez. Pedro Groot. Manuel de Pombo. Joseph Sanz de Santa maría. Fr. Antonio González, guardián de San Francisco. Nicolás Mauricio de Omaña. Pablo Plata. Emigdio Benítez. Fruto Joaquín Gutiérrez de Caviedes. Camilo Torres. Francisco Javier Serrano Gómez de la Parra Celi de Alvear. Doctor Santiago de Torres y Peña. Fr. Mariano Garnica. Fr. José Chaves. Nicolás Cuervo. Antonio Ignacio Gallardo, Rector del Rosario. Doctor José Ignacio Pescador. Antonio Morales. Joseph Ignacio Álvarez. Sinforoso Mutis. Manuel Pardo. Luis Sarmiento. José María Carbonell. Vicente de la Rocha. José Antonio Amaya. Andrés Rosillo F. Gregorio José Martínez Portillo. Juan María Pardo. José María León. Miguel de Pombo. Luis Eduardo de Azuola. Juan Nepomuceno Azuero Plata. Julián Joaquín de la Rocha. José Martín París. Juan Manuel Ramírez. Juan José Mutiens. Eugenio Martín Melendro, secretario.

Chile[9]

Bando de 18 de septiembre de 1810 en que se publicó
la instalación de la Junta Provisoria de Chile, su
organización y facultades

Don Mateo de Toro y Zambrano, Caballero de la Orden de
Santiago, Conde la Conquista, brigadier de los reales ejércitos de Su Majestad, gobernador y capitán general de este reino y presidente de su Real Audiencia, etc. Por cuanto habiendo convocado, en consorcio del muy ilustre Ayuntamiento de esta ciudad, a los jefes de todas las corporaciones, prelados de las comunidades religiosas y vecindario noble de la capital en la sala del Real Consulado a efecto de tratar y acordar el medio más oportuno de conciliar la paz y tranquilidad pública, poniendo a todo reino en el mejor estado de defensa contra cualquier invasión enemiga, a causa de las noticias del fatal estado de la Metrópoli y de cuyo principio dimanaban las opiniones con que estaba perturbada la paz y unión entre los ciudadanos, teniendo a la vista el decreto del 30 de abril, expedido por el Supremo Consejo de Regencia, en que

9 La independencia fue defendida por un grupo de líderes locales en Cabildo abierto, celebrado en Santiago el 18 de septiembre de 1810. Allí se formó la primera Junta de Gobierno Autónomo aún leal a la monarquía española, presidida por Mateo de Toro Zambrano. En 1814 tras la derrota de «Rancagua», Chile volvió a quedar bajo el dominio español y los líderes independentistas se exiliaron. Bernardo O'Higgins, con el apoyo de José de San Martín, organizó un ejército, en enero de 1817 cruzaron los Andes y el 12 de febrero derrotaron a los realistas en «Chacabuco». San Martín rechazó ocupar la dirección política de Chile y el 18 de febrero de 1817 Bernardo O'Higgins fue nombrado Director Supremo. La independencia de Chile se declaró el 12 de febrero de 1818.

se niega toda provisión y audiencia en materia de gracia y justicia, quedando solo expedito su despacho en las de guerra; con consideración a que el mismo Consejo de Regencia y la Junta de Gobierno instalada en la ciudad de Cádiz han remitido su impreso advirtiendo a los pueblos que aquella junta podrá servir de modelo a las provincias que quieran tener un gobierno representativo digno de su confianza; y proponiéndose que toda la perturbación y discordia provenía del deseo que tenía este pueblo de igual instalación; con el fin de que se examinase y decidiese por todo el congreso la legitimidad de este asunto; oído el procurador general de la ciudad que hizo presente las decisiones legales con la mayor energía y que este pueblo no carecía de las facultades y privilegios que los de España para establecer un gobierno igual a ellas, mucho más cuando no menos que aquéllos se hallan amenazados del enemigo y necesita dos a prevenir las defensas más oportunas y vigorosas. Con cuyos antecedentes, penetrados de los propios conocimientos y a ejemplo de lo que hizo el señor gobernador de la ciudad y puerto de Cádiz, entregó el bastón al pueblo, depositando en él su autoridad y facultades para que acordase el gobierno más digno de su con fianza que quisiese instalar, sujeto a nuestras leyes y para mejor defensa del reino y su conservación a su legítimo dueño y desgraciado monarca el señor don Fernando VII. En cuyo acto todos los prelados, jefes de las corporaciones y noble vecindario tributándole las más expresivas gracias por aquel noble desprendimiento en obsequio del pueblo y tranquilidad de sus habitantes, con que manifestó el mejor celo por la religión, rey y patria, aclamaron con el mayor júbilo que se estableciese una junta compuesta del mismo señor presidente, que debería serlo de ella perpetuo en remuneración del concepto que se merecía de todos y que a su frente se prometían el gobierno más feliz, una tranquilidad inalterable y la defensa y seguridad del reino, y que se agregasen seis vocales, que fuesen solo interinos, mientras se convocaban y llegaban los diputados de todas las provincias del reino, para organizar la que debía regir en los sucesivo; y procediendo a la elección de éstos, propuesto en primer lugar el ilustrísimo señor don José Antonio Martínez de Aldunate, obispo provisto para esta capital, fue recibido y aceptado con universal aprobación de todo el Congreso, sucediendo lo mismo con el segundo vocal el señor don Fernando Márquez de la Plata, del Supremo Consejo de Su Majestad, con el tercero doctor don Juan Martínez de Rozas y cuarto vocal el señor coronel don Ignacio de la Carrera, que fueron admitidos y reconocidos con los mismos vivas y aclamaciones sin que discrepasen en estas elecciones uno de más de cuatrocientos cincuenta vocales; y entrando después, porque se notó diversidad de opiniones, en elegir por cédulas secretas a los dos restantes, resultó la pluralidad por el señor coronel don Francisco Javier Reyna y maestre de campo don Juan Enrique Rosales, la que publicada manifestó todo el con curso el mismo regocijo y celebración; y procediendo a la elección de dos secretarios letrados convino todo el concurso en que lo fuesen el doctor don Gaspar Marín y el doctor don José Gregorio Argomedo, asesor letrado el primero del mismo gobierno y su secretario el segundo, por su notoria literatura y confianza que en ambos tiene todo el pueblo, dándoles solo el voto informativo en aquella Junta: en este estado, concluidas las expresadas elecciones fueron llamados los electos, y recibido el juramento que hicieron de usar bien y fielmente sus cargos, y en especial poner todos los medios de defensa del reino en nombre de nuestro rey el señor don Fernando VII, y reconociendo el Supremo Consejo de Regencia, fueron puestos en posesión de sus empleos, declarando el muy ilustre Cabildo, prelados, jefes y vecinos el tratamiento de Excelencia que debía corresponderle y de señoría a cada vocal, la facultad de proveer los empleos vacantes y que vacaren, con las demás que la necesidad de no poderse ocurrir al Supremo Consejo de Regencia por decreto citado exigiese y todos los cuerpos militares, jefes de corporaciones, prelados de las comunidades religiosas y vecinos prestaron en el mismo acto juramento de obediencia y fidelidad a dicha Junta instalada así a nombre del señor don Fernando VII, a quien y a sus leyes está y estará siempre sujeta, obedeciéndolas y respetándolas, conservándose las autoridades constituidas y empleados en sus respectivos destinos. Y habiéndose pasado oficio al superior tribunal de la Real Audiencia para que prestase el mismo reconocimiento el día de mañana, diecinueve del corriente, por haberse concluido las diligencias anteriores a una hora intempestiva ha resuelto el Excelentísimo señor presidente de dicha Junta, que para que llegue a noticias de todos y cesen las inquietudes se publique en forma de bando; acordado así con todos los señores vocales después de haber tomado posesión de sus destinos con las corporaciones y demás concurrentes y que sacándose testimonio se fije para la mayor notoriedad en los lugares acostumbrados y en su virtud lo firmó Su Excelencia en el mismo día 18 de septiembre de este año de 1810, de que doy fe. El conde de la Conquista. Agustín Díaz.

Proclamación de la Independencia de Chile
El Director Supremo del Estado La fuerza ha sido la razón suprema que por más de trescientos años ha mantenido al Nuevo Mundo en la necesidad de venerar como un dogma la usurpación de sus derechos y de buscar en ella misma el

origen de los más grandes deberes. Era preciso que algún día llegase el término de esta violenta sumisión; pero entretanto era imposible anticiparla: la resistencia del débil contra el fuerte imprime un carácter sacrílego a sus pretensiones y no hace más que desacreditar la justicia en que se fundan. Estaba reservado al siglo XIX el oír a la América reclamar sus derechos sin ser delincuente y mostrar que el período de su sufrimiento no podía durar más que el de su debilidad. La revolución del 18 de septiembre de 1810, fue el primer esfuerzo que hizo Chile para cumplir esos altos destinos a que lo llamaba el tiempo y la naturaleza: sus habitantes han probado desde entonces la energía y firmeza de su voluntad, arrostrando las vicisitudes de una guerra en que el gobierno español ha querido hacer ver que su política con respecto a la América sobrevivirá al trastorno de todos los abusos. Este último desengaño les ha inspirado naturalmente la resolución de separarse para siempre de la monarquía española, y proclamar su INDEPENDENCIA a la faz del mundo. Mas no permitiendo las actuales circunstancias de la guerra la convocación de un Congreso Nacional que sancione el voto público, hemos mandado abrir un gran registro en que todos los ciudadanos del estado, sufraguen por sí mismos libre y espontáneamente por la necesidad urgente de que el gobierno declare en el día de la independencia o por la dilación o negativa: y habiendo resultado que la universalidad de los ciudadanos está irrevocablemente decidida por la afirmativa de aquella proposición, hemos tenido a bien en ejercicio del poder extraordinario con que para este caso particular nos han autorizado los pueblos, declarar solemnemente a nombre de ellos en presencia del Altísimo, y hacer saber a la gran confederación del género humano que el territorio continental de Chile y sus islas adyacentes forman de hecho y por derecho un Estado libre, independiente y soberano, y quedan para siempre separados de la monarquía de España, con plena aptitud de adoptar la forma de gobierno que más convenga a sus intereses. Y para que esta declaración tenga toda la fuerza y solidez que debe caracterizar la primera acta de un pueblo libre, la afianzamos con el honor, la vida, las fortunas y todas las relaciones sociales de los habitantes de este nuevo Estado: comprometemos nuestra palabra, la dignidad de nuestro empleo y el decoro de las armas de la PATRIA; y mandamos que con los libros del gran registro se deposite la acta original en el archivo de la municipalidad de Santiago, y se circule a todos los pueblos, ejércitos y corporaciones para que inmediatamente se jure y quede sellada para siempre la emancipación de Chile. Dada en el Palacio Directorial de Concepción a 1.º de enero de 1818, firmada de nuestra mano, signada con el de la nación y refrendada por nuestros ministros y secretarios de Estado, en los departamentos de gobierno, hacienda y guerra. Bernardo O'Higgins. Miguel Zañartu. Hipólito de Villegas. José Ignacio Zenteno.

Perú[10]

Acta de la Jura de la Independencia del 15 de julio de
1821

En la Ciudad de los Reyes del Perú, en 15 de julio de 1821, reunidos en este excelentísimo Ayuntamiento los señores que lo componen, con el excelentísimo e ilustrísimo señor arzobispo de esta Santa Iglesia Metropolitana, prelados de los conventos religiosos, títulos de Castilla, y varios vecinos de esta capital, con el objeto de dar cumplimiento a lo prevenido en el oficio del excelentísimo señor general en jefe del ejército libertador don José de San Martín, del día de ayer, cuyo tenor se ha leído; e impuestos de su contenido, reducido a que las personas de reconocida probidad, luces y patriotismo, que habitan esta capital, expresasen si la opinión general se hallaba decidida por la Independencia, cuyo voto le sirviera de norte al expresado señor general para proceder a la jura de ella. Todos los señores concurrentes por sí y satisfechos de la opinión de los habitantes de la capital dijeron: Que la voluntad general está decidida por la Independencia del Perú, de la dominación española y de cualquier otra extranjera, y que para que se proceda a su sanción por medio del correspon-

---

10   En 1806, José Gabriel Aguilar y Manuel Ubalde, fueron denunciados y ejecutados por sus tentativas independentistas. En 1811 fue arrestado Francisco Antonio Zela y sus seguidores. Durante una década se sucedieron numerosos alzamientos fallidos. En 1820 con la llegada de San Martín a Perú, se iniciaron negociaciones con el virrey Pezuela. Entre mayo y junio de 1821 el nuevo virrey de la Serna, continúa las negociaciones en busca de una emancipación pacífica. En julio de 1821, el virrey de la Serna abandonó Lima, y el cabildo de la ciudad declaró la independencia del Perú el 14 de julio de 1821.

diente juramento, se conteste con copia certificada de esta acta al mismo señor excelentísimo, y firmaron los señores:

El conde de San Isidro. Bartolomé (arzobispo de Lima). Francisco Zárate. Simón Rávage. Francisco Ballís. Pedro de la Puente. Francisco Javier de Echagüe. Manuel de Arias. El conde de la Vega del Ren. Fray Jerónimo Cavero. José Ignacio Palacios. Antonio Padilla (síndico procurador general). José Mariano Aguirre. El conde de las Lagunas. Francisco Concha. Toribio Rodríguez. Javier de Luna Pizarro. José de la Riva Agüero. Andrés Salazar. Francisco Salazar. José de Arris. El marqués de Villafuerte. Doctor Segundo Antonio Carrión. Juan Echevarría. Juan Manuel Manzano. El marqués de Casa Dávila. Nicolás Aranivar. Tomás de Méndez y la Chica. Francisco Valdivieso. Fray Anselmo Tejero. Manuel Godoy. Pedro de los Ríos. Manuel Urquijo. Pedro Manuel Bazo. Francisco Manuel Colmenares. Jorge Benavente. Manuel Agustín de La Torre. Juan Esteban Enríquez de Saldaña. Tomás de Vallejo. José Zagal. Fray Tomás Silva. Antonio Camilo Vergara. Cecilio Tagle. Miguel Tenorio. Manuel de la Fuente Chávez. Fray Juan de Dios Salas. Manuel del Valle y García, Vicente Benito de la Riva. Tomás Ortiz de Cevallos. Fray Pedro de Pazos. Manuel de Tejada. Manuel de Landázuri. Justo Figuerola. Miguel Tafur. El marqués de Monte Alegre. Juan Panizo y Pérez de Cortiguera. Diego Noriega. Pedro Urquizo. Juan Gualberte Menacho. Doctor Ignacio Ortiz de Cevallos. Manuel Cayetano Semino y Larrea. José Cirilo Cornejo. José Mariano Román. Pablo Condorena. Juan Raymúndez. Antonio José María Falcón. Juan Saavedra. Manuel Nereires. Doctor Juan Francisco Puelles. Eugenio de la Casa. Tomás José Morales. Doctor Pedro de Tramaría. Augustín Larrea, doctor Fernández de Urquiaga. Hipólito Unanue. Marcelino de Barrios. José de la Puente.

José Perfecto de Tellería. José Zúñiga. José Francia. Manuel Díaz. Doctor Juan Bautista Ramírez. Doctor Manuel Antonio Colmenares. Luis Antonio Naranjo. Tomás Cornejo. Manuel Aullón. Mateo de Pró. Lorenzo Zárate. Pedro Manuel Escobar. Juan Salazar. José Martín Toledo. Mariano Pord. José Manuel Dávila. Doctor Francisco Herrera. Antonio de Salas. Manuel de Arias. Juan Cosío. Felipe Llanos. Lorenzo del Río. Ángel Tomás de Alfaro. Manuel Mansilla. Mariano González. José Fermín Moreno. Francisco Garay. Esteban Salmón. Manuel Suárez. José Alonso Mostajo. Doctor José Manuel de Villaverde. José Bonifacio Vargas y Sumarán. Simón Vásquez. Miguel Riofrío. Miguel Gaspar de la Puente. El conde de la Torre Blanca. Jacinto de la Cruz. José Vidal. Francisco Renovales. Francisco Moreyra y Matute. Tomás de la Casa y Piedra. Mariano Framaría. Mariano José de Arce. Manuel Ferreyros. Manuel Villarán. El conde de Vista Florida. Manuel Concha. Miguel Antonio de Vertiz. Francisco Antonio del Carpio. Mariano de Sarria. Pedro Fano. José Crisanto Ferreyros. Manuel Durand. Pedro Loyola. Francisco Javier Mariátegui. José Antonio de Ugarte. Antonio de Bedoya. Santiago Campos. José Pezet. Manuel Travi y Taso. José Ugarte. José Coronilla. Pedro Abadía. Pedro Olaechea. José Terand. Pedro José de Méndez. Juan de Ezeta. Manuel García Plata y Urbaneja. Justo Zamaeta. Pedro Echegarry. Valentín Ramírez. José Antonio Enriquez. Manuel Tudela. José Cavero. Eusebio González. Isidro Castañeda. Domingo Velarde. Marcelo de la Clara. José Mendoza y de la Santa Cruz. Agustín Bastidas. Lucas Antonio Palacios. Julián de Cubillas. Pedro de Jáuregui. José Domingo Castañeda. Francisco Collantes Rubio. Alejandro Poquis. Fray José Manuel Maldonado. José de la Torre. Tadeo Chávez. Juan Antonio Pilot. José Mercedes Castañeda. Francisco Vergara Juan

Francisco de Izcue. Juan Manuel Mendiburu. José Melchor de Cáceres. Manuel Antonio Díaz. Manuel Marquina. José Cayetano de Parracia. José Eugenio Izaguirre. José Eustaquio Roldán. Agustín de Vivanco. José Antonio de Cobián. Clemente Verdeguer. Fray Melchor Montejo. José Luis Oyague. Toribio de Alarco. Manuel Gallo. Ignacio Ayllón Salazar. Juan Elizalde. Fray José Vargas. Manuel Alvarado. José Domingo Solórzano. Antonio Elverdí. Manuel Vaca. Manuel de Urizar. Nicolás de los Ríos. Mariano Pérez de Saravia. Juan de Ascencios. Mariano Prado. José Bernabé Romero. Bernardo Pon. Manuel de Sumaeta. Mariano Lizardi. Pedro del Castillo. Fray Mariano Negrón. Fray Mariano Seminario. Fray José Domingo de Oyerigue. Pablo Romero. Ignacio Talamntes Ibaeza. José de Espinoza. José Manuel Malox de Molina. Manuel Rivera. Nicolás Navarro. Mariano Chaparro. José Manuel Ayesta. Isidro Blanco. Narciso Espinoza. José Unzagüey. Mariano Vega. Julián Ponce. Pablo Espinoza. Hipólito Balares. Fray Lázaro Balaguer. Francisco de Mendoza Ríos y Caballero. Francisco Javier de Izcue. Isidro Aliaga. Bernardino Gordillo. Francisco González Ipabón. José Infantas. Manuel de Porras. Manuel Ruylebam Pedro Antonio López. Vicente Sánchez. Cayetano de Casas. Domingo Encalada y Zevallos. Pedro Dávila. Carlos de Bedoya. José Vivazán Vibas. Juan Pabón y Calero. Félix de Herrera. Manuel Vallejo. José Jorge Ríos. Nicolás Ames. José Neque. Fray José Seminario. José María Ramírez. Guillermo del Río. Andrés Riquero. Felipe García. Francisco Carrillo y Mugarra. El conde de San Juan de Lurigancho. Diego Aliaga. Faustino de Olaya. Gabriel de Oro. Apolinario del Portal. Tomás Benaquet. José Valentín Huidobro. José Manuel de la Rosa López. Juan Bautista Navarrete. Ignacio Cavero y Tagle. Calixto Gutiérrez de la Fuente. Manuel de Bonilla y Prados.

Gabino Pizarro y Lara. Julián del Castillo. Manuel López. Juan Infantas. Francisco Eufrasio de Garay. Bruno Herrera. José Arévalo. Juan Manuel Fernández. José Rodríguez. Antonio Pérez. Lorenzo José González. José Carlos. José María Chávez. Fray José Salazar. Fabián Agüero. Santiago Peláez. Manuel Cubillas. José Aróstegui. Lorenzo Cano. Juan Esteban de Gara. Vicente Arnao. José María Rodríguez. José Lugo Noguera. Gaspar de Gruceta. Francisco Noya. José Hué. José Torres. José Guillermo Geraldino. Miguel Molinares. José Ignacio Sánchez y la Pineda. José Hurtado. Pedro Salvi. José Olacua. Basilio Gobea. Ramón del Vallejo. Alejo de la Torre. José de Perochena. Nicolás Mosquera. Pedro Rivas. Blas Cobarrubias. Gaspar de Cándomo. Manuel Vicente Cortez. Juan Francisco Carrión. José Manuel de Rivas. Narciso Antonio Marcado Rivero. Manuel Pellegrín. Manuel Romero. Manuel Barroso. Agustín Cordero. Martín del Risco. Tiburcio José de la Hermoza, síndico procurador general. El marqués de Corpa, síndico procurador general. Manuel Muelle, secretario.

Proclama del cura Hidalgo a la nación americana del
21 de noviembre de 1810
¿Es posible americanos, que habéis de tomar las armas contra vuestros hermanos, que están empeñados con riesgo de
su vida, en libertaros de la tiranía de los europeos, y en que
dejéis de ser es clavos suyos? ¿No conocéis que esta guerra es
solamente contra ellos y que por tanto sería una guerra sin
enemigos, que estaría concluida en un día si vosotros no la
ayudaseis a pelear? No os dejéis alucinar, americanos, ni deis
lugar a que se burlen más tiempo de vosotros y abusen de
vuestra bella índole y docilidad de corazón, haciéndoos creer
que somos enemigos de Dios y queremos trastornar su santa
religión, procurando con imposturas y calumnias hacernos
parecer odiosos a vuestros ojos. No: Los americanos jamás se
apartarán un punto de las máximas cristianas, heredadas de
sus honrados mayores, nosotros no conocemos otra religión
que la católica, apostólica, romana, y por conservarla pura
e ilesa en todas sus partes, no permitiremos que se mezclen
en este continente extranjeros que la desfiguren. Estamos
prontos a sacrificar gustosos nuestras vidas en su defensa,
protestando delante del mundo entero, que no hubiéramos
desenvainado la espada contra estos hombres, cuya soberbia
y despotismo hemos sufrido con la mayor paciencia por espacio de casi trescientos años, en que hemos visto quebranta-

11 En 1810 Miguel Hidalgo y Castilla se alzó contra las autoridades españolas en el pueblo de Dolores. Este movimiento es conocido como
   «El Grito de Dolores». En 1813 se convocó un congreso en Chilpancingo que declaró la independencia y promulgó una Constitución. El
   28 de septiembre de 1821, México proclamó su total independencia.

dos los derechos de la hospitalidad, y rotos los vínculos más honestos que debieron unirnos, después de haber sido el juguete de su cruel ambición y víctimas desgraciadas de su codicia, insultados y provocados por una serie no interrumpida de desprecios y ultrajes, y degradados a la especie miserable de insectos, reptiles; si no nos constase que la nación iba a perecer irremediablemente, y nosotros a ser viles esclavos de nuestros mortales enemigos, perdiendo para siempre nuestra religión, nuestra ley, nuestra libertad, nuestras costumbres, y cuanto tenemos más sagrado y más precioso que custodiar.

Consultad a las provincias invadidas, a todas las ciudades, villas y lugares, y veréis que el objeto de nuestros constantes desvelos es el mantener nuestra religión, nuestra ley, la patria y pureza de costumbres, y que no hemos hecho otra cosa que apoderarnos de las personas de los europeos, y darles un trato que ellos no nos darían ni nos han dado a nosotros.

Para la felicidad del reino, es necesario quitar el mando y el poder de las manos de los europeos; esto es todo el objeto de nuestra empresa, para la que estamos autorizados por la voz común de la nación y por los sentimientos que se abrigan en los corazones de todos los criollos, aunque no puedan explicarlo en aquellos lugares en donde están todavía bajo la dura servidumbre de un gobierno arbitrario y tirano, deseosos de que se acerquen nuestras tropas a desatarles las cadenas que los oprimen. Esta legítima libertad no puede entrar en paralelo con la irrespetuosa que se apropiaron los europeos cuando cometieron el atentado de apoderarse de la persona del excelentísimo señor Iturrigaray, y trastornar el gobierno a su antojo sin conocimiento nuestro, mirándonos como hombres estúpidos y como manada de animales cuadrúpedos sin derecho alguno para saber nuestra situación política.

En vista pues, del sagrado fuego que nos inflama y de la justicia de nuestra causa, alentaos, hijos de la patria, que ha llegado el día de la gloria y la felicidad pública de esta América. ¡Levantaos, almas nobles de los americanos! del profundo abatimiento en que habéis estado sepultados, y desplegad todos los resortes de vuestra energía y de vuestro valor, haciendo ver a todas las naciones las admirables cualidades que os adornan y la cultura de que sois susceptibles. Si tenéis sentimientos de humanidad, si os horroriza el ver derramar la sangre de vuestros hermanos, y no queréis que se renueven a cada paso las espantosas escenas de Guanajuato, del Paso de Cruces, de San Gerónimo Aculco, de la Barca, Zacoalco y otras; si apetecéis que estos movimientos no degeneren en una revolución que procuramos evitar todos los americanos, exponiéndonos en esta confusión a que venga un extranjero a dominarnos; en fin si queréis ser felices, desertaos de las tropas de los europeos y venid a uniros con nosotros, dejad que se defiendan solos los ultramarinos y veréis esto acabado en un día sin perjuicio de ellos ni vuestro, y sin que perezca un solo individuo; pues nuestro ánimo es solo despojarlos del mando, sin ultrajar sus personas ni haciendas.

Abrid los ojos; considerad que los europeos pretenden poner nos a pelear criollos contra criollos, retirándose ellos a observar desde lejos; y en caso de serles favorables, apropiarse toda la gloria del vencimiento, haciendo después mofa y desprecio de todo el criollismo y de los mismos que los hubiesen defendido. Advertir, que aun cuando llegasen a triunfar ayudados de vosotros, el premio que debéis esperar de vuestra inconsideración, sería el que doblasen vuestras cadenas, y el veros sumergidos en una esclavitud mucho más cruel que la anterior. Para nosotros es de mucho más aprecio la seguridad y conservación de nuestros hermanos; nada más deseamos que el no vernos precisados a tomar las armas contra ellos; una sola gota de sangre americana pesa más en nuestra estimación que la prosperidad de algún combate, que procuraremos evitar cuanto sea posible y nos lo permita la felicidad a que aspiramos, como ya hemos dicho. Pero con sumo dolor de nuestro corazón protestamos que pelearemos contra todos los que se opongan a nuestras justas pretensiones, sean quienes fuesen; y para evitar desórdenes y efusión de sangre, observaremos inviolablemente las leyes de guerra y de gentes para todos en lo de adelante.

Actas de Independencia de Chilpancingo

El Congreso de Anáhuac, legítimamente instalado en la ciudad de Chilpancingo de la América septentrional por las provincias de ella, declara solemnemente a presencia del Señor Dios, árbitro moderador de los imperios y autor de la sociedad, que los da y los quita según los designios inescrutables de su providencia, que por las presentes circunstancias de la Europa ha recobrado el ejercicio de su soberanía usurpado; que en tal concepto queda rota para siempre jamás y disuelta la dependencia del trono español; que es árbitra para establecer las leyes que convengan para el mejor arreglo y felicidad interior; para hacer la guerra y la paz, establecer alianzas con los monarcas y repúblicas del antiguo continente, no menos que para celebrar concordatos con el Sumo Pontífice romano, para el régimen de la iglesia católica, apostólica, romana y mandar embajadores y cónsules; que no profesa ni re conoce otra religión más que la católica, ni permitirá ni tolerará el uso público ni secreto de otra alguna; que protegerá con todo su poder y velará sobre la pureza de la fe y de sus demás dogmas, y conservación de los cuerpos regulares. Declara reo de alta traición a todo el que se oponga directa o indirectamente a su independencia, ya protegiendo a los europeos opresores, de obra, palabra o por escrito, ya negándose a contribuir con los gastos, subsidios y pensiones para continuar la guerra hasta que su independencia sea re conocida por las naciones extranjeras; reservándose al congreso presentar a ellas por medio de una nota ministerial, que circulará por todos los gabinetes, el manifiesto de sus quejas y justicia de esta revolución, reconocida ya por la Europa misma. Dado en el Palacio Nacional de Chilpancingo, a seis días del mes de noviembre de 1813. Licenciado Andrés Quintana, vicepresidente. Licenciado Ignacio Rayón. Licenciado José Manuel de Herrera. Licenciado Carlos María Bustamante. Doctor José Sixto Verduzco. José María Liceaga. Licenciado Cornelio Ortiz de Zárate, secretario.

Acta de Independencia del Imperio Mexicano
pronunciada por su Junta Soberana, congregada en la
capital de él, en 28 de septiembre de 1821

La nación mexicana, que por trescientos años, ni ha tenido voluntad propia, ni libre el uso de la voz, sale hoy de la opresión en que ha vivido.

Los heroicos esfuerzos de sus hijos han sido coronados, y está consumada la empresa, eternamente memorable, que un genio, superior a toda admiración y elogio, amor y gloria de su patria, principió en Iguala, prosiguió y llevó al cabo, arrollando obstáculos casi insuperables.

Restituida, pues, esta parte del Septentrión al ejercicio de cuan tos derechos le concedió el Autor de la naturaleza, y reconocen por inenajenables y sagrados las naciones cultas de la tierra, en libertad de constituirse del modo que más convenga a su felicidad y con representantes que puedan manifestar su voluntad y sus designios, comienza a hacer uso de tan preciosos dones, y declara solemnemente, por medio de la Junta Suprema del imperio, que es nación soberana e independiente de la antigua España, con quien, en lo sucesivo no mantendrá otra unión que la de una amistad estrecha en los términos que prescribieren los tratados; que entablará relaciones amistosas con las demás potencias, ejecutando, respecto de ellas, cuantos actos pueden y están en posesión de ejecutar las otras naciones soberanas; que van a constituirse con arreglo a las bases que el Plan de Iguala y el Tratado de Córdoba estableció sabiamente el primer jefe del ejército imperial de las Tres Garantías; y en fin, que sostendrá a todo trance, y con el sacrificio de los haberes y vidas de sus individuos, si fuere necesario, esta solemne declaración, hecha en la capital del imperio a 28 de septiembre del año de 1821, primero de la independencia mexicana.

Agustín de Iturbide. Antonio Obispo de la Puebla. Manuel de Bárcena. Matías Monteagudo. José Yáñez. Licenciado Juan Francisco Azcárate. Juan José Espinosa de los Monteros. José María Fagoaga. José Miguel Guridi Álvarez. El marqués de Salvatierra. El conde de Casa de Haleras Soto. Juan Bautista Lobo. Francisco Manuel Sánchez de Tagle. Antonio de Gama y Córdova. José Manuel Sartorio. Manuel Velásquez de León. Manuel Montes Argüelles. Manuel de la Sota Riva. El marqués de San Juan de Rayas. José Ignacio García Illuesca. José María de Bustamante. José María Cervantes y Velasco. Juan Cervantes y Padilla. José Manuel Velásquez de la Cadena. Juan de Orbegozo. Nicolás Campero. El conde de Sala y de Regla. José María de Echeveste y Valdivieso. Manuel Martínez Mancilla. Juan Bautista Raz y Guzmán. José María de Jáuregui. José Rafael Suárez Pereda.

Anastasio Bustamante. Isidro Ignacio Icaza. Juan José Espinosa de los Monteros, vocal secretario.

Paraguay[12]

Constitución de la Junta de Gobierno de mayo de
1811[13]
El teniente coronel don Fulgencio Yegros, el doctor don José
Gaspar de Francia, el capitán don Pedro Juan Caballero, el
doctor don Francisco Xavier Bogarin y don Fernando de la
Mora, presidente y vocales de la junta gubernativa de esta
provincia.

Por cuanto a virtud de lo acordado mediante la mayoría
y casi total unanimidad de sufragios en el congreso general
de esta provincia, celebrado en los días 17, 18, 19 y 20 del
corriente mes con asistencia y voto, no solo de un considera-
rable número de vecinos sino también de muchos principales
individuos de las diferentes corporaciones, y los diputados
de las villas y poblaciones de esta comprehensión: quedó su-

12 En 1810 Paraguay no reconoció la autoridad de la primera Junta de
    Gobierno constituida en Buenos Aires y se mantuvo leal al Consejo
    de Regencia de España. En mayo de 1811, se conformó una Junta de
    Gobierno integrada por Fulgencio Yegro, José Gaspar de Francia, Pe-
    dro José Caballero y otros. En octubre de 1814 el Congreso nombró a
    José Gaspar Rodríguez de Francia dictador por cinco años. Más tar-
    de en 1816, es proclamado Dictador Perpetuo. Francia se mantuvo
    en el poder hasta su muerte en 1840. Paraguay ratificó su indepen-
    dencia el 25 de noviembre de 1842, en un congreso extraordinario.
13 Tras el movimiento del 14 y 15 de mayo se formó un triunvirato in-
    tegrado por Francia, Zevallos y Velazco. El 28 de mayo se fijó la con-
    vocatoria para el 17 de junio de un Congreso General que decidiría
    el futuro de la provincia. Velazco fue destituido el 9 de junio acusado
    de conspirar para entregar la provincia a los portugueses. Entonces
    se constituyó la junta de gobierno citada en este documento integra-
    da por Fulgencio Yegros, José Gaspar de Francia, Pedro Juan Caba-
    llero, Francisco Xavier Bogarin y Fernando de la Mora.

brogado el mando y autoridad de este gobierno en la actual junta gubernativa que se instaló el propio día veinte procediendo en el mismo acto; y siendo conveniente manifestar públicamente para la más cabal inteligencia de todos los de más vecinos, habitantes y moradores de toda la provincia las deliberaciones acordadas al propio tiempo por la indicada junta general y aquellas con que la presente gubernativa en consecuencia del grave encargo que se le ha confiado ha dado principio a sus funciones: se da a saber, que la provincia congregada en dicha general asamblea ha determinado igualmente: Lo primero, que esta junta ha sido creada con calidad de superior de provincia; que su presidente ha de ser comandante general de las armas; que ha de suplir las veces de juez de alzadas para las causas mercantiles, cuyos diputados deberán ser electos por los individuos de comercio de cada lugar donde al presente los hay; que el tratamiento de ella así como del presidente ha de ser el de señoría, sin que los vocales tengan otro que el de merced; que la misma junta deberá nombrar un secretario, asignar a todos sus individuos un moderado sueldo, crear y mantener la tropa necesaria a la seguridad de la provincia según los casos ocurrentes; y finalmente que sus individuos para entrar al ejercicio de sus oficios, harán juramento ante escribano de no reconocer otro soberano que al señor don Fernando VII, proceder fiel y legalmente en los cargos que se les confía, y sostener los derechos, libertad, defensa, e indemnidad de la misma provincia.

Lo segundo, que todos los individuos del cabildo, a excepción del alcalde provincial don Manuel Juan Mujica, que debe subsistir, verificada la unión de esta provincia con la de Buenos Aires, que dan privados de los oficios que ejercían, en la inteligencia de que los patricios serán siempre hábiles en lo sucesivo, para cualesquier cargos y empleos, sean de la clase que fuesen, una vez que uniformen sus ideas con las de la mencionada junta general, y que los que de ellos hubiesen ocurrido, o cooperado a la remisión de la Yerba perteneciente a propios que se embarcó para Montevideo, deben ser responsables a su valor siempre que no se devuelva; debiendo la actual junta gubernativa nombrar los correspondientes individuos del nuevo cabildo que han de continuar por todo el año venidero.

Lo tercero, que todos los oficios, o empleos concejiles, políticos, civiles, militares, de la Real Hacienda, o de cualquier género de administración que al presente haya, ocupados, o vacantes, a excepción de la escribana de don Jacinto Ruiz, que verificada la sobredicha unión con Buenos Aires, debe también ser conservado en su oficio, así como don José Joaquín Goyburú en el suyo de primer oficial de la Tesorería, con el sueldo que señalase la junta y duran te su voluntad; se provean desde luego en los naturales de esta provincia, sin que puedan ocuparse por los españoles europeos hasta otra determinación de la misma provincia; bien entendido que todo americano, aunque no sea nacido en ella, debe quedar enteramente apto para dichos cargos, con tal que uniforme sus ideas con las de este pueblo, recomendando en este particular el mérito del capitán retirado, don Juan Baleriano de Cevallos, con el ofrecimiento de continuar sus servicios a favor de la patria, y dejando finalmente a la prudencia y discreción de esta junta gubernativa el poner en remate la escribanía que estuvo a cargo de don Manuel Benítez, o el que habilita a este.

Lo cuarto, que don Bernardo Velasco y don Benito Velasco y los ministros de Hacienda don Pedro Ozcariz, y don José de Elizalde, sean mancomunadamente responsables al importe del tabaco perteneciente a la Real Hacienda, remitido a Montevideo, en el mismo caso de no devolverse su valor, debiendo además la junta de gobierno tomar las cuentas respectivas a dichos ministros.

Lo quinto, que el comandante don Blas José de Rojas sea subdelegado del departamento de Santiago, con agregación de los pueblos de Itapúa, Trinidad, y Jesús; y al mismo tiempo con el cargo de comandante de aquella frontera; y que por lo tocante a la subdelegación de Candelaria con los pueblos restantes de su antigua demarcación, nombre la Junta el subdelegado que corresponde.

Lo sexto, que esta provincia, no solo tenga amistad, buena armonía y correspondencia con la ciudad de Buenos Aires, y demás provincias confederadas sino que también sea una con ellas para el efecto de formar una sociedad en principios de justicia, equidad, y de igualdad, bajo las declaraciones siguientes: Primera: que mientras no se forme el congreso general, esta provincia se gobernará por sí misma; sin que la Exma. junta de Buenos Aires pueda disponer y ejercer jurisdicción sobre su forma de gobierno, régimen, administración ni otra alguna causa correspondiente a esta misma provincia.

Segundo: que restablecido el comercio, dejará de cobrarse el peso de plata que anteriormente se exigía por cada tercio de yerba con nombre de sisa y arbitrio, respecto a que hallándose esta provincia como fronteriza a los portugueses en urgente necesidad de mantener alguna tropa por las circunstancias del día, y también de cubrir los presidios de las costas del río contra la invasión de los infieles, aboliendo la insoportable pensión de hacer los vecinos a su costa este servicio; es indispensable a falta de otros recursos cargar al ramo de la yerba aquel u otro impuesto semejante.

Tercera: que quedará extinguido el estanco del tabaco, que dando de libre comercio como otros cualesquiera juntos y producciones de esta provincia: y que la partida de tabaco existente en la factoría de esta ciudad comprada anteriormente con el dinero de la Real Hacienda, se expenderá de cuenta de esta provincia para el mantenimiento de su tropa, y de la que ha servido en la guerra pasada, y aún se halla mucha parte de ella sin pagarse.

Cuarta: que para los fines convenientes de arreglar el ejercicio de la auditoría suprema o superior, y formar la constitución que sea necesaria, irá de esta provincia un diputado con voto en el congreso general en la inteligencia de que cualquier reglamento forma de gobierno o constitución, que se dispusiere, no deberá obligar a esta provincia hasta tanto se ratifique en junta plena y general de sus habitantes y moradores.

Lo séptimo, que a este efecto queda nombrado desde ahora por tal diputado el doctor don José Gaspar de Francia, respecto a que ya anteriormente lo había sido por el ilustre cabildo: para que con una regular dotación se ponga en camino a Buenos Aires, luego que por parte de la Exma. junta y generoso pueblo de aquella ciudad no se ponga reparo, como se espera en esta proposición: que a este fin se le remitirán por la junta de gobierno con todo lo demás acordado en el acta: advirtiéndose que en ese caso, y por solo esta vez, la junta de gobierno de esta provincia antes de la separación de dicho diputado nombrará el vocal que deba subrogarse en su lugar; como también el que llegado el caso de verificarse la unión de esta provincia con Buenos Aires en los términos expuestos, ha de ser bastante que el poder que se diese al diputado ya nombrado que ha de ir al congreso general, lo firmen cien individuos de los principales de la provincia que han asistido a la presente junta general inclusos los de la junta de gobierno, los del ilustre cabildo, y los diputa dos de las villas, y poblaciones que no enviasen diputados particulares a cuyo fin desde ahora para entonces en caso necesario juraban por Dios no reconocer otro soberano que al señor don Fernando VII.

De la junta de gobierno de esta provincia no deben ser vitalicios, ni durar por más tiempo que el de cinco años; y que en lo sucesivo deberán ser provistos por el pueblo en la junta general como la presente; todo en la inteligencia que no se disponga otra cosa por el congreso general, y se ratifique por esta provincia.

Lo noveno, que respecto a que queda abolido el estanco del tabaco no deberá haber más que un ministro tesorero de Real Hacienda, que será nombrado por la junta de gobierno con los dependientes precisos, el cual no será removido sin causa, quedando extinguido el empleo de ministro factor y administrador de rentas, así como el de teniente letrado por no conceptuarse necesario.

Lo décimo, que la junta de gobierno señale un moderado impuesto sobre el ramo de tabaco y maderas que se exportasen de esta provincia; para el mismo efecto de mantener y pagar la tropa necesaria a su custodia y defensa.

Lo undécimo, que queda suspendido por ahora todo reconocimiento de las cortes, concejo de regencia, y que toda otra representación de la autoridad suprema o superior de la nación en esta provincia, hasta la suprema decisión del congreso general que se halla próximo a celebrarse en Buenos Aires.

Lo último, que la actual junta de gobierno vea si encuentra algún arbitrio de recobrar de Montevideo los prisioneros nuestros hermanos porteños, santafecinos, correntinos, o paraguayos que de aquí se enviaron después de la guerra, o a lo menos a los oficiales.

Consiguientemente ha encargado interinamente esta junta las funciones de secretario al señor vocal don Fernando de la Mora; hasta que con menor conocimiento, procediendo con la detención y madurez que exige tan importante encargo, recaiga la elección del propietario en persona de aptitud, y demás circunstancias necesarias del mismo modo, usando de la facultad que se le ha conferido por la junta general, ha nombrado para alcaldes ordinarios de primero y segundo voto a don Juan Baleriano de Cevallos, y a don Juan José Montiel; para regidores a don Sebastián Antonio Martínez Sáenz, don Santiago Báez, don Francisco Moreno, don Carlos Isasi, don Vicente Frasqueri, don Juan Antonio Aristegui, don Anselmo Agüero, don Francisco Pablo Caballero, y don Pedro Vicente Capdevila; y para síndico procurador general a don Dionisio Caniza, todos los cuales serán recibidos este mismo día al ejercicio de sus oficios.

Y respecto a que una autoridad nuevamente creada y sancionada por el voto y disposición de la junta general de la provincia, corresponde que sea reconocida y jurada formalmente por todos sus vecinos y habitantes; se dará principios a esta ceremonia este mismo día a las cuatro de la tarde, pasándose al efecto los correspondientes recados políticos, y órdenes necesarias a las corporaciones y sus jefes, o representantes respectivos, y a todos los funcionarios o ministros públicos, a fin de que concurran a las casas públicas de gobierno a jurar que reconocen la autoridad de la actual junta gubernativa nuevamente creada por la general de la provincia; que no atentará contra ella, directa ni indirectamente; y que antes bien propenderán a que sea obedecida y respetada; advirtiendo que los demás vecinos y moradores de esta ciudad deberán ocurrir y practicar igual diligencia desde el lunes 24 del corriente a las ocho de la mañana; remitiéndose para el mismo efecto y los demás insinuados; copias autorizadas de este bando, así a los partidos de esta jurisdicción como a los comandantes y ayuntamientos de las villas y poblaciones.

Finalmente a fin de dar gracias al Todo poderoso por el buen suceso con que la provincia ha logrado efectuar y terminar las sesiones de su junta general, dirigida a la grande obra de su regenera ría; se pondrán luminarias en tres noches, principiando desde este día: a cuyo fin se pasarán los correspondientes oficios, órdenes y recados a todos los cuerpos, y sus jefes para su asistencia en celebridad de tan memorable acontecimiento.

Y para que llegue a noticia de todos se publicará por bando en la forma acostumbrada, sacándose los correspondientes ejemplares para fijarlos en los lugares públicos. Fecho en la ciudad de La Asunción del Paraguay a 22 de junio de 1811. Fulgencio Yegros. Doctor José Gaspar de Francia. Pedro Juan Caballero. Doctor Francisco Bogarin. Fernando de la Mora, vocal secretario.

Acta de Independencia de la República del Paraguay[14]
En esta ciudad de la Asunción de la República del Paraguay, a 25 de noviembre de 1842, reunidos en Congreso General Extraordinario cuatrocientos diputados por convocatoria especial de los señores cónsules que forman legalmente el supremo gobierno ciudadano Carlos Antonio López y Mariano Roque Alonso, usando de las facultades que nos competen, cumpliendo con nuestro deber, y con los que nos animan en

14 El gobierno de Juan Manuel de Rosas en Buenos Aires, se oponía a la independencia de Paraguay. Las autoridades paraguayas convocaron un Congreso Extraordinario para proclamar la soberanía y autonomía. El Congreso se abrió el 25 de noviembre de 1842 y ese mismo día fue ratificada la independencia del país.

este acto: Considerando: Que nuestra emancipación e independencia es un hecho solemne e incontestable en el espacio de más de treinta años; Que durante este largo tiempo y desde que la República del Paraguay se segregó con sus esfuerzos de la metrópoli española para siempre y también del mismo modo se separó de hecho de todo poder extranjero queriendo desde entonces con voto uniforme pertenecer a sí misma, y formar como ha formado una nación libre e independiente bajo el sistema republicano, sin que aparezca dato alguno que contradiga esta explícita declaración; Que este derecho propio de todo Estado libre se ha reconocido a otras provincias de Sudamérica por la República Argentina, y no parece justo pensar que aquel se le desconozca a la República del Paraguay, que además de los justos títulos en que lo funda, la naturaleza lo ha prodigado sus dones para que sea una nación fuerte, populosa, fecunda en recursos y en todos los ramos de industria y comercio; Que tantos sufrimientos y privaciones anteriores consagrados con resignación a la independencia de nuestra República por salvarnos a la vez del abismo de la guerra civil, son también fuertes comprobantes de la indudable voluntad general de los pueblos de la República por su absoluta emancipación e independencia de todo dominio y poder extraño; Que consecuentes a estos principios y al voto general de la República, para que nada falte a la base fundamental de nuestra existencia política, confiados en la Divina Providencia, declaramos solemnemente:

PRIMERO: La República del Paraguay es para siempre de hecho y de derecho una nación libre e independiente de todo poder extraño.

SEGUNDO: Nunca jamás será el patrimonio de una persona o de una familia.

TERCERO: En lo sucesivo el gobierno que fue nombrado para presidir los destinos de la nación, será juramentado en presencia del Congreso, de defender y conservar la integridad e independencia del territorio de la República, sin cuyo requisito no tomará posesión del mando. Exceptúase el actual gobierno por haberlo ya prestado en la misma acta de su inauguración.

CUARTO: Los empleados militares, civiles y eclesiásticos serán juramentos al tenor de esta acta, luego de su publicación.

QUINTO: Ningún ciudadano podrá en adelante obtener empleo alguno sin prestar primero el juramento prevenido en el artículo anterior.

SEXTO: El Supremo Gobierno comunicará oficialmente esa solemne declaración a los gobiernos circunvecinos y al de la confederación Argentina, dando cuenta al soberano congreso de su resultado.

SÉPTIMO: Comuníquese al poder ejecutivo de la república para que la mande publicar en el territorio de la nación con la solemnidad posible, y la cumpla y haga cumplir como corresponde.

Dada en la sala del congreso, firmada de nuestra mano, sellada con sello de la República, refrendada por nuestro secretario. Carlos Antonio López, presidente del soberano Congreso General. (Siguen las firmas de los cuatrocientos diputados).

Guatemala[15]

Acta de la Independencia Palacio Nacional de
Guatemala 15 de septiembre de 1821
Siendo público e indubitables los deseos de independencia
del gobierno español que por escrito y de palabra ha manifestado el pueblo de esta capital; recibidos por el último
correo diversos oficios de los ayuntamientos constitucionales
de Ciudad Real, Comitán y Tuxtla, en que comunican haber
proclamado y jurado dicha independencia, y excitan a que
se haga lo mismo en esta ciudad; siendo positivo que han
circulado iguales oficios a otros ayuntamientos; determinado de acuerdo con la Excma. diputación provincial que para
tratar de asunto tan grave se reuniesen en uno de los salones
de este palacio la misma diputación provincial, el ilustrísimo señor arzobispo, los señores individuos que disputasen
la Excma. audiencia territorial, el venerable señor deán y
cabildo eclesiástico, el Excmo. ayuntamiento, el M.I. Claus-
tro el consulado y M.I. Colegio de abogados, los prelados
regulares, jefes y funcionarios públicos, congregados todos
en el mismo salón: leídos los oficios expresados, discutido y
meditado detenidamente el asunto; y oído el clamor de Viva
la Independencia que repetía de continuo el pueblo que se
veía reunido en las calles, plaza, patio, corre dores y antesala

15 El 15 de septiembre de 1821, se constituyó una Confederación que
    incluía El Salvador, Honduras, Guatemala, Nicaragua y Costa Rica.
    En 1823, con la abdicación de Agustín de Iturbide, la Asamblea Na-
    cional Constituyente de Guatemala decretó junto al resto de la Con-
    federación, la independencia de las provincias unidas del Centro de
    América. Estas promulgaron el 22 de noviembre de 1824 la *Consti-
    tución de la provincias unidas del Centro de América*.

de este palacio, se acordó por esta diputación e individuos del Excmo. ayuntamiento:

1.º Que siendo la independencia del gobierno español la voluntad general del pueblo de Guatemala, y sin perjuicio de lo que determine sobre ella el congreso que debe formarse, el señor jefe político la mande publicar para prevenir las consecuencias que serían temibles en el caso de que la proclamase de hecho del mismo pueblo.

2.º Que desde luego se circulen oficios a las provincias por correos extraordinarios para que sin demora alguna se sirvan proceder a elegir diputados o representantes suyos, y éstos concurran a esta capital a formar el congreso que debe decidir el punto de independencia general y absoluta y fijar, en caso de acordarla, la forma de gobierno y ley fundamental que deba regir.

3.º Que para facilitar el nombramiento de diputados, se sirvan hacerlos las mismas juntas electorales de provincia que hicieron o debieron hacer las elecciones de los últimos diputados a cortes.

4.º Que el número de estos diputados sea en proporción de uno por cada quince mil individuos, sin excluir de la ciudadanía a los originarios de África.

5.º Que las mismas juntas electorales de provincia, teniendo presente los últimos censos, se sirvan determinar según esta base el número de diputados o representantes que deban elegir.

6.º Que en atención a la gravedad y urgencia del asunto se sirvan hacer las elecciones de modo que el día primero de marzo del año próximo de 1822, estén reunidos en esta capital todos los diputados.

7.º Que entre tanto, no haciéndose novedad en las autoridades establecidas, sigan éstas ejerciendo sus atribuciones respectivas con arreglo a la constitución, decretos y leyes, hasta que el congreso indicado determine lo que sea más justo y benéfico.

8.º Que el señor jefe político brigadier don Gavino Gainza continúe con el gobierno superior político y militar, y para que éste tenga el carácter que parece propio de las circunstancias, se forme una junta provisional consultiva, compuesta de los señores individuos actuales de esta diputación provincial, y de los señores don Miguel de Larreynaga, ministro de esta audiencia, don José del Valle, auditor de guerra, marqués de Aycinena, doctor don José Valdés, tesorero de esta santa iglesia, doctor don Ángel María Candina, y Licenciado don Antonio Robles, alcalde 3.º constitucional, el primero por la provincia de León, el segundo por la de Comayagua, el tercero por Quezaltenango, el cuarto por Sololá y Chimaltenango, el quinto por Sonsonate, y el sexto por Ciudad Real de Chiapa.

9.º Que esta junta provisional consulte al señor jefe político en todos los asuntos económicos y gubernativos dignos de su atención.

10.º Que la religión católica que hemos profesado en los siglos anteriores y profesaremos en los sucesivos, se conserve pura e inalterable, manteniendo vivo el espíritu de religiosidad que ha distinguido siempre a Guatemala, respetando a los ministros eclesiásticos, seculares y regulares, y protegiéndoles en sus personas y propiedades.

11.º Que se pase oficio a los dignos prelados de las comunidades religiosas, para que cooperando a la paz y sosiego, que es la primera necesidad de los pueblos, cuando pasan de un gobierno a otro, dispongan que sus individuos exhorten a la fraternidad y concordia, a los que estando unidos en el sentimiento general de la independencia, deben estarlo también en todos los demás, sofocando pasiones individuales que dividen los ánimos y producen funestas consecuencias.

12.º Que el Excmo. ayuntamiento, a quien corresponde la conservación del orden y tranquilidad, tome las medidas más activas para mantenerla imperturbable en toda esta capital y pueblos inmediatos.

13.º Que el señor jefe político publique un manifiesto haciendo notorios a la faz de todos los sentimientos generales del pueblo, la opinión de las autoridades y corporaciones, las medidas de este gobierno, las causas y circunstancias que lo decidieron a prestar en manos del señor alcalde 1.º, a pedimento del pueblo, el juramento de independencia y fidelidad al gobierno americano que se establezca.

14.º Que igual juramento presten la junta provisional, el Excmo. ayuntamiento, el Illmo. señor arzobispo, los tribunales, jefes políticos y militares, los prelados regulares, sus comunidades religiosas, jefes y empleados en las rentas, autoridades, corporaciones y tropas de las respectivas guarniciones.

15.º Que el señor jefe político, de acuerdo con el Excmo. ayuntamiento, disponga la solemnidad y señale el día en que el pueblo deba hacer la proclamación y juramento expresado de independencia.

16.º Que el Excmo. ayuntamiento acuerde la acuñación de una medalla que perpetúe en los siglos la memoria del día 15 de septiembre de 1821, en que proclamó su feliz independencia.

17.º Que imprimiéndose esta acta y el manifiesto expresado, se circule a las Excmas. diputaciones provinciales, ayuntamientos constitucionales y demás autoridades eclesiásticas, regulares, seculares y militares, para que siendo acordes en los mismos sentimientos que ha manifestado este pueblo, se sirvan obrar con arreglo a todo lo expuesto.

18.º Que se cante el día que designe el señor jefe político una misa solemne de gracias con asistencia de la junta provisional, de todas las autoridades, corporaciones y jefes, haciéndose salvas de artillería y tres días de iluminación.

Palacio Nacional de Guatemala, septiembre 15 de 1821.

Gavino Gainza. Mariano de Beltranena. José Mariano Calderón. José Matías Delgado. Manuel Antonio Molina. Mariano de Larrave. Antonio de Rivera. José Antonio de Larrave. Isidoro del Valle y Castriciones. Mariano de Aycinena. Pedro de Arroyave. Lorenzo de Romaña, secretario. Domingo Diéguez, secretario.

Honduras[16]

Acta de la Independencia de la provincia de Comayagua de acuerdo con el Plan de Iguala del 15 de septiembre de 1821

Consecuente la nota del excelentísimo Ayuntamiento de Guatemala de 15 del corriente y del Ayuntamiento de Ciudad Real de 5 del mismo, en que publican haberse independizado del gobierno español, convocando el de Guatemala diputados de esta provincia para formar el congreso en aquella capital que debe arreglar el gobierno; reunidas en ésta la excelentísima diputación provincial, ayuntamiento y demás corporaciones, se acordó lo siguiente: «En Comayagua a 28 de septiembre de 1821, siendo las 8 de la mañana de este día, recibió el señor gobernador intendente, comandante general, jefe político superior de esta provincia el acta celebrada por el ayuntamiento de Guatemala, que se agrega a este expediente y manifiesto del señor capitán general del reino, interino don Gabino Gainza, mandó reunir a la excelentísima diputación provincial, ayuntamiento y a todas las corporaciones, eclesiásticas, seculares y de hacienda en la sala capitular del ayunta miento, y habiéndose verificado, se leyeron los indicados papeles y otros de igual naturaleza e igualmente el acta de oficio del ayuntamiento de Ciudad Real, y discutida la materia de que tratan, reducida a independerse del

16 El 15 de septiembre de 1821 se proclamó la independencia de España, en declaración formulada por José Cecilio del Valle. En 1822, se unió al imperio mexicano de Iturbe. A la caída de éste, en 1823, entró a formar parte de las Provincias unidas del Centro de América. Y en 1838, Honduras se separó de la Confederación y se proclamó estado soberano e independiente.

gobierno español, haciendo sobre todo reflexiones oportunas sobre la necesidad de independerse la América Septentrional; el señor gobernador político superior manifestó: que no se oponía a la independencia, atendidas las circunstancias en que se halla; que externasen sus votos la excelentísima diputación provincial, noble ayuntamiento, corporaciones y pueblo que ocupaba la galería; que a él le estaba encargado por el rey y por la nación el gobierno de esta provincia y que habría jurado mantener bajo aquél, con la fuerza de ella misma, pues no tiene otra, que bajo estas circunstancias votasen; y después de una larga discusión se acordó por todas se jure la independencia de la provincia de Comayagua, con la precisa condición de que ha de que dar únicamente sujeta al gobierno supremo que se establezca en esta América Septentrional, en todos sus ramos, político, militar, de hacienda y eclesiástico. Que la religión que han de reconocer todos los habitantes de esta provincia sea la católica, apostólica, romana, que profesamos, y por rey en la capital de México, al señor don Fernando VII o en su defecto a uno de los serenísimos señores infantes, con la precisa condición y recíproca fraternidad que debe haber entre españoles, americanos y europeos, o al gobierno que acuerde el supremo congreso americano. Que la reunión que indica el capítulo 2.º del acta de Guatemala, se verifique librándose las convenciones inmediatamente, efectuándose las elecciones con arreglo al último censo. Que en las autoridades no se haga novedad y que continúe el gobierno militar, político y de hacienda con arreglo a la Constitución independiente del de Guatemala, y que todas las providencias sobre alarmas, expediciones y demás mili tares, las acuerde el señor comandante general con la excelentísima diputación provincial, así como todas las demás en todos ramos, y guardando correspondencia con el señor capitán general interino de Guatemala sobre lo concerniente a la realización de este plan y a la defensa de todo el reino, pues en este ramo han de hacer causa común. Que el señor gobernador comandante general, jefe político superior continúe en el mando de la provincia en los términos referidos con toda la autoridad que le confieren las leyes como superior jefe militar político y de hacienda. Que la excelentísima diputación provincial sea con quien consulte para el gobierno en los términos que dispone la Constitución y en todos los casos que SS. lo estime por conveniente, y los acordados en los capítulos anteriores. Que la tranquilidad es de cargo del ayunta miento y el señor jefe político por orden de constitución. Que se comunique esta acta a todos los ayuntamientos y puertos de la provincia. Que el señor jefe político superior preste el juramento de la independencia en los términos referidos en manos del señor alcalde 1.º, y las demás corporaciones en las de S.S. disponiendo de acuerdo con el muy ilustre ayuntamiento la solemnidad correspondiente. Y lo firmamos por ante mí de que doy fe. Josef Tinoco. José Nicolás Irías. José Francisco Zelaya. Pedro Nolasco Arriaga. Francisco Gómez. Liberato Valdéz. Juan Miguel Fialles. José Joaquín Lino Avilés. Fray José Antonio Murga. Francisco Xavier Bulnes, Santos Bordales. Juan José Montes. Santiago Buezo. Juan Nepomuceno Cacho Gómez. Jacinto Rubí. Ciriaco Velázquez. Juan Garrigó. José de la Pascua. Esteban Travieso. José María Rodríguez. José Calixto Valenzuela. José Antonio Buezo. Raimundo Boquín. Nicolás Folofo. Cayetano Bosque. Joaquín Lindo, secretario.

Lo comunico a V.S. para su conocimiento e inteligencia en el concepto que debe entenderse absolutamente en todos los ramos con este gobierno político superior, diputación provincial y comandante general de armas que oportunamente dictará las providencias que correspondan en cada uno, haciendo circular en el momento copia de este oficio y acta inserta a todos los ayuntamientos de ese partido, y disponiendo que esa corporación y vecindario haga el juramento en los términos acordados. Dios guarde a usted muchos años. Comayagua septiembre 28 de 1821. Josef Tinoco.

Costa Rica[17]

Acta de la Independencia de Costa Rica, 29 de octubre de 1821

En la ciudad de Cartago a los 29 días del mes de octubre de 1821, con premisas de las plausibles noticias de haberse jurado la independencia en la capital de México y en la provincia de Nicaragua, juntos en cabildo extraordinario y abierto el M. N. y L. A. de esta ciudad, los señores vicario y cura rector, el ministro de Hacienda Pública, innumerables personas de distinción y pueblo, se leyeron los oficios y bando de S. J. P. superior, don Miguel González Saravia de 11 y 18 del corriente en que conforme al voto de los partidos de Nicaragua se juró en León el día once del mismo la independencia absoluta del gobierno español y bajo el plan que adopte el imperio mexicano. Habiéndose leído también un manifiesto de Guatemala sobre el verdadero aspecto de su independencia, por unánime voto de todos los circunstantes, se acordó:

1.º Que se publique, proclame y jure solemnemente el jueves 1.º de noviembre la independencia absoluta del gobierno español.

2.º Que absolutamente se observarán la Constitución y leyes que promulgue el imperio mexicano, en el firme concepto de que en la adopción de este plan consiste la felicidad y verdaderos intereses de estas provincias.

---

17 En noviembre de 1821, se constituyó la primera Junta Suprema de Gobierno, presidida por Nicolás Carrillo. Dos años después, ingresó en la Confederación de las Provincias unidas del Centro de América, de la que se separó en 1825, al promulgar su propia Constitución. En 1884, Costa Rica se declaró república independiente.

3.º Que se proceda inmediatamente a recibir el juramento correspondiente al señor J. P. subalterno, al M. N. y L. A., al citado señor vicario don Pedro Alvarado, y cura rector, y al ministro de Hacienda Pública don Manuel García Escalante, y según el artículo 1.º a toda autoridad.

4.º Que este acuerdo con inserción de los artículos del bando del S. J. P. Superior se publique por bando.

5.º Inmediatamente prestó el S. J. Político subalterno el juramento en manos del señor alcalde 1.º y el M. N. A., vicario Ecco, cura rector, eccos, presentes y teniente de Hacienda en manos del citado S. jefe. Lo firmaron los S. S. abajo suscritos ante mí el infrascrito secretario lo que certifico.

Juan Manuel de Cañas. Pedro José Alvarado. José Joaquín de Alvarado. Santiago Bonilla. José Mercedes Peralta. Manuel García Escalante. José Santos Lombardo. Rafael Francisco Osejo, lego por Ujarrás. Gregorio José Ramírez, lego por Alajuela. Juan de los Santos Madriz, legado por San José. Cipriano Pérez, legado por Heredia. Bernardo Rodríguez, lego por Barba. Nicolás Carazo. Manuel de la Torre. Joaquín Oreamuno. Salvador Oreamuno. Pedro José Carazo. Juan José de Bonilla. Narciso Esquivel. Francisco Sáenz. José Antonio Echandi. Félix Oreamuno. José María de Peralta. Manuel María de Peralta. Tranquilino de Bonilla. Vicente Fábrega, como delegado de los Ayuntos de Bagaces. Miguel de Bonilla. Joaquín Carazo, secretario de cabo.

Brasil

Grito de Ipiranga del 9 de enero de 1822[18]
El 9 de enero de 1822, el príncipe don Pedro I recibió una carta de las cortes de Lisboa, exigiendo su retorno a Portugal. Don Pedro se negó y proclamó:

> Si es para el bien de todos y la felicidad general de la nación, dígale al pueblo que yo me quedo.

Ese mismo año, en un viaje a Minas Gerais y San Pablo, don Pedro recibió una nueva carta de Portugal que anulaba la Asamblea Constituyente y exigía su regreso inmediato. Así el 7 de septiembre, levantó su espada en las inmediaciones de Ipiranga y gritó:

> ¡Independencia o Muerte!

Este hecho marcó la independencia de Brasil.

---

18 El día de la proclama se conoce como el «Día do Fico». Luego don Pedro convocó una Asamblea Constituyente, organizó la Marina de Guerra y obligó a las tropas de Portugal volver a la metrópolis.

Uruguay[19]

Declaratoria de Independencia del 25 de agosto de 1825[20]

Ley fundamental de VIII-1825 Florida, agosto 25 de 1825.

La honorable sala de representantes de la Provincia Oriental del Río de la Plata, en uso de la soberanía ordinaria y extraordinaria que legalmente reviste para constituir la existencia política de los pueblos que la componen, y establecer su independencia y felicidad, satisfaciendo el constante, universal y decidido voto de sus representados; —después de consagrar a tan alto fin su más profunda consideración: —obedeciendo la rectitud de su íntima con ciencia, en el nombre y por la autoridad de ellos, sanciona con va lor y fuerza de ley fundamental lo siguiente:

1.º Declara írritos, nulos, disueltos y de ningún valor para siempre, todos los actos de incorporación, reconocimientos, aclamaciones y juramentos arrancados a los pueblos de la Provincia Oriental, por la violencia de la fuerza unida a la perfidia de los intrusos poderes de Portugal y el Brasil que la han tiranizado, hollado y usurpado sus inalienables derechos y sujetándola al yugo de un absoluto despotismo desde el año de 1817 hasta el presente de 1825. Y por cuanto el pueblo oriental, aborrece y detesta hasta el re cuerdo de los documentos que comprenden tan ominosos actos, los magistrados civiles de los pueblos en cuyos archivos se hallan

---

19 En agosto de 1825, es proclamada la independencia de Uruguay, encabezada por José Gervasio Artigas.
20 La fecha de la ley, incluye entre paréntesis la fecha de sanción por la Sala de Representantes. (N. del E. B. A.)

depositados aquellos, luego que reciban la presente disposición, concurrirán el primer día festivo en unión del párroco y vecindario y con asistencia del escribano, secretario, o quien haga sus veces a la casa de justicia y antecedida la lectura de este decreto, se testará y borrará desde la primera línea hasta la última firma de dichos documentos, extendiendo enseguida un certificado que haga constar haberlo verificado, con el que deberá darse cuenta oportunamente al gobierno de la provincia.

2.º En consecuencia de la antecedente declaración, reasumiendo la Provincia Oriental la plenitud de los derechos, libertades y prerrogativas, inherentes a los demás pueblos de la tierra, se declara de hecho y de derecho libre, e independiente del rey de Portugal, del emperador del Brasil, y de cualquiera otro del universo y con amplio y pleno poder para darse las formas que en uso y ejercicio de su soberanía estime convenientes.

Dado en la sala de sesiones de la representación provincial en la Villa de San Fernando de la Florida, etc.: Juan Francisco Larrobla, presidente, diputado por el Departamento de Guadalupe. Luis Eduardo Pérez, vicepresidente, diputado por el Departamento de San José. Juan José Vázquez, diputado por el Departamento de San Salvador. Joaquín Suárez, diputado por el Departamento de la Florida. Manuel Calleros, diputado por el Departamento de Nuestra Señora de los Remedios. Juan de León, diputado por el Departamento de San Pedro. Carlos Anaya, diputado por el Departamento de Maldonado. Simón del Pino, diputado por el Departamento de San Juan Bautista. Santiago Sierra, diputado por el Departamento de las Piedras. Atanasio Lapido, diputado por el Departamento de Rosario. Juan Tomás Núñez, diputado por el Departamento de las Vacas. Gabriel Antonio Pereira, diputado por el Departamento de Pando. Mateo Lázaro Cortés, diputado por el Departamento de Minas. Ignacio Barrios, diputado por Departamento de Víboras.

Felipe Álvarez Bengochea Secretario

Nicaragua[21]

Decreto de la Asamblea Nacional Constituyente del 1.º de octubre de 1823, ratificando el de Independencia de 1.º de julio del mismo año

La Asamblea nacional Constituyente de las Provincias Unidas del Centro de América, teniendo presente: Que al pronunciar, en 1.º de julio último, la declaración solemne de su absoluta independencia y libertad, aún no se hallaban representadas las provincias de Honduras, Nicaragua y Costa Rica.

Que lo están ya las dos primeras por la mayoría del número de diputados que a cada una corresponden.

Que si no lo está la de Costa Rica, son repetidos y muy terminantes los testimonios de la heroica decisión de aquellos pueblos a ser libres: que por formal declaración de su congreso provincial está ya unida dicha provincia a las demás que constituyen este nuevo Estado, que la retardación de este solemne pronunciamiento de unión fue nacida de que la expresada provincia esperó, para verificarlo, a que la división militar mexicana evacuase nuestro territorio; y que aún antes de la convocatoria a Asamblea Nacional, dada en 29 de marzo de este año, Costa Rica había ya resuelto unirse

21 Los primeros movimientos independentistas tuvieron su centro en León y Granada, en 1811. En 1821 Nicaragua se separa de la Capitanía de Guatemala. Luego se une al imperio mexicano. En 1823, ingresó como Estado Confederado de las Provincias unidas del Centro de América y el 10 de abril de 1826, Manuel Antonio de la Cerca, fue nombrado primer presidente del Estado Federal de Nicaragua. El 20 de abril de 1838, se declaró la soberanía e independencia de Nicaragua.

a las provincias del antiguo reino de Guatemala, tan pronto como ellos recobrasen sus derechos y entrasen al goce de su libertad.

Y considerando muy conveniente y necesario que la representación de todas las Provincias Unidas ratifique la declaración de su independencia absoluta.

Por tanto, la Asamblea Nacional Constituyente, en nombre y con la autoridad de todas las provincias que en ella están representadas, confirma y ratifica solemnemente, y por unanimidad de sufragios, la declaración de independencia absoluta y libertad de las Provincias Unidas de Centro América, pronunciada en 1.º de julio de este año.

Dado en Guatemala, a 1.º de octubre de 1823. Cirilo Flores, diputado por Quezaltenango, presidente. Francisco Márquez, diputado por Tegucigalpa, vicepresidente. José Barrundia, diputado por Guatemala. José Antonio Alcayaga, diputado por Sacatepequez. Julián Castro, diputado por Sacatepequez. José Domingo Diéguez, diputado por Sacatepequez. José Valdés, diputado por Sololá. Simeón Cañas, diputado por Chimaltenango. José Francisco Córdova, diputado por Santa Ana. Ciriaco Villacorta, diputado por San Vicente. Juan Miguel Beltranena, diputado por Cobán. José María Castilla, diputado por Cobán. José Beteta, diputado por Salamá. Mariano Córdova, diputado por Güegüetenango. Felipe Vega, diputado por Sonsonate. Francisco Flores, diputado por Quezaltenango. Serapio Sánchez, diputado por Totonicapán. Leoncio Domínguez, diputado por San Miguel. Mariano Beltranena, diputado por Gotera. José Antonio Larrave, diputado suplente por Esquipulas. José Jerónimo Zelaya, diputado por Gracias. Francisco Aguirre, diputado por Olancho. José María Ponce, diputado por Escuintla. Francisco Javier Valenzuela, diputado por Jalapa.

Mariano Navarrete, diputado suplente por Sacatecolula. Filadelfo Benavent, diputado por Matagalpa. Manuel Barberena, diputado por León. Francisco Quiñónez, diputado por León. José Toribio Argüello, diputado por León. Antonio J. Cañas, diputado por Cojutepeque. Benito Rosales, diputado por Granada. Pío José Castellón, diputado por Segovia. Joaquín Lindo, diputado por Coma yagua. José Francisco Zelaya, diputado por Comayagua. Valerio Coronado, diputado suplente por Conguaco. Tomás Muñoz, diputado por Masaya. José Matías Delgado, diputado por San Salvador. Juan Francisco de Sosa, diputado suplente por San Salvador. Pedro José Cuéllar, diputado suplente por San Salvador. Antonio González, diputado por Sololá. José Domingo Estrada, diputado por Chimaltenango. Luis Berrutia, diputado por Chimaltenango. Felipe Márques, diputado suplente por Chimaltenango. Marcelino Meléndez, diputado por Santa Ana. Basilio Chavarría, diputado suplente por Salamá. Isidro Menéndez, diputado por Sonsonate. Pedro Campo Arpa, diputado por Sonsonate. Norberto Morán, diputado suplente por Sonsonate. José Antonio Peña, diputado por Quezaltenango. Francisco Benavent, diputado suplente por Quezaltenango. J. María Agüero, diputado por Totonicapán. José María Herrarte, diputado suplente por Totonicapán. J. Bernardo Escobar, diputado suplente por Chiquimula. Toribio Roldán, diputado por San Miguel. Simón Vasconcelos, diputado por San Vicente, secretario. Juan Esteban Milla, diputado por Gracias, secretario. Juan Hernández, diputado por León, secretario. José Antonio Asmintia, diputado por Guatemala, secretario.

El Salvador[22]

Acta de Independencia de 1823
La Cámara de diputados de El Salvador Considerando
1.º Que el Estado de El Salvador ha hecho todos los esfuerzos para haber de conseguir la reorganización de la antigua República de Centro América, sin poder lograr aquel fin; y que antes bien por esa misma causa se ha visto envuelto en guerras y otras dificultades.

2.º Que para que El Salvador entre decididamente en la vía del progreso a que lo llaman sus elementos de prosperidad y estreche sus relaciones extranjeras, es preciso definir clara y determinantemente su condición y modo de ser político; y 3.º Que siendo el caso previsto por la Constitución, ha tenido a bien decretar y Decreta

Artículo 1.º El Estado de El Salvador reasume en lo sucesivo su soberanía externa y se declara REPÚBLICA libre, soberana e independiente.

Artículo 2.º Esta declaratoria no obsta en manera alguna, para que El Salvador pueda concurrir a la formación de un pacto confederativo en unión de los otros Estados de la América Central, siempre que así convenga a sus intereses a juicio del cuerpo legislativo.

---

22 El Salvador formó parte de la «Capitanía General de Guatemala», hasta 1821, cuando ésta se disolvió; tras su incorporación al imperio mexicano, se unió a la República Federal de Centro América, formada en 1823. En 1839, se desmembraron las Provincias unidas del Centro de América y El Salvador eligió a su propio presidente, Francisco Morazán. En 1859, fue promulgada una nueva Constitución, y se fundó la República Independiente de El Salvador.

Artículo 3.º El poder ejecutivo comunicará esta disposición de la manera que lo estime conveniente a los gobiernos de la América Central y de las otras naciones con las cuales El Salvador haya de cultivar relaciones de amistad.

Dado en el salón de sesiones en San Salvador a 25 de enero de 1859.[23]

Al Senado: Ignacio Pérez, diputado presidente. Rosa Rodríguez, diputado secretario. Manuel Cáceres, diputado secretario.

Cámara de Senadores: San Salvador, 8 de febrero de 1859. Al Poder Ejecutivo. Mariano Hernández, senador vicepresidente. José María Peralta, senador secretario. Ignacio Gómez, senador secretario.

Casa de Gobierno: San Salvador, 18 de febrero de 1859.

Por tanto: Ejecútese, José María Peralta. El ministro de gobernación. José Félix Quiroz.

23 El 2 de febrero de 1841, una Asamblea Constituyente proclamó la separación de El Salvador de la República Federal de Centro América; y los días 16 y 18 de ese mes, se promulgó la primera Constitución de El Salvador como Estado soberano e independiente, que contemplaba la posibilidad de reorganizar la desaparecida República Federal. Sin embargo, en vista de la dificultad de conseguir ese objetivo, el parlamento salvadoreño, en conformidad a lo prescrito con la Constitución de 1841 emitió este documento.

Puerto Rico[24]

Diez Mandamientos de los Hombres Libres de
noviembre de 1867

El Gobierno de doña Isabel II lanza sobre nosotros una te-
rrible acusación

Dice que somos malos españoles

El Gobierno nos calumnia

Nosotros no queremos la separación; nosotros queremos
la paz, la unión con España; mas es justo que pongamos
nosotros también condiciones en el contrato.

Son muy sencillas.

Helas aquí:

Abolición de la esclavitud

Derecho a votar todas las imposiciones

Libertad de cultos

Libertad de la palabra

Libertad de imprenta

Libertad de comercio

Derecho de reunión

Derecho de poseer armas

Inviolabilidad del ciudadano

Derecho de elegir nuestras autoridades

Esos son los diez mandamientos de los hombres libres.

Si España se siente capaz de darnos y nos da esos derechos
y esas libertades, podrá entonces mandarnos un capitán general, un gobernador... de paja, que quemaremos en los días

---

24 Aunque los *Diez Mandamientos de los Hombres Libres* no fue un
documento con fuerza o consecuencias legales, marcó un hito en los
anhelos de independencia de Puerto Rico.

de carnestolendas, en conmemoración de todos los Judas que hasta hoy nos han vendido.

Y seremos españoles.

Si no, NO.

Si no, Puerto Riqueños —¡PACIENCIA!— os juro que seréis libres.

Ramón Emeterio Betances

Saint Thomas, noviembre de 1867

Discurso de la Demajagua del 10 de octubre de 1868
¡Ciudadanos hasta este momento habéis sido esclavos míos!
Desde ahora, sois tan libres como yo. ¡Cuba necesita de todos sus hijos para conquistar la independencia!

Los que me quieran seguir que me sigan; los que se quieran quedar que se queden, todos seguirán tan libres como los demás.

Cuando un pueblo llega el extremo de degradación y miseria en que nosotros nos vemos, nadie puede reprobarle que eche mano a las armas para salir de un estado tan lleno de oprobio...

Cuba aspira a ser una nación grande y civilizada, para tender un brazo amigo y un corazón fraternal a todos los demás pueblos...

Carlos Manuel de Céspedes, 10 de octubre de 1868, La Demajagua, Cuba

Manifiesto de Montecristi del 25 de marzo de
1895[26] de José Martí y Máximo Gómez
La revolución de independencia, iniciada en Yara después de preparación gloriosa y cruenta, ha entrado en Cuba en un nuevo período de guerra, en virtud del orden y acuerdos

25 En el discurso de la Demajagua Carlos Manuel de Céspedes proclamó la libertdad de sus esclavos y anunció el inicio de la primera Guerra de independencia cubana.
26 El Manifiesto de Montecristi constituye la declaración formal que de la segunda Guerra por la independencia de Cuba.

del Partido Revolucionario en el extranjero y en la Isla, y de la ejemplar congregación en él de todos los elementos consagrados al saneamiento y emancipación del país, para bien de América y del mundo; y los representantes electos de la revolución que hoy se confirma, [sus títulos] reconocen y acatan su deber, —sin usurpar el acento y las declaraciones sólo propias de la majestad de la república constituida, —de repetir ante la patria, que no se [debe] ha de ensangrentar sin razón, ni sin justa esperanza de triunfo los propósitos precisos, hijos del juicio y ajenos a la venganza, con que se ha compuesto, y llegará a su victoria racional, la guerra inextinguible que hoy lleva a los combates, en conmovedora y prudente democracia, los elementos todos de la sociedad de Cuba.

La guerra no es, en el concepto sereno de los que aún hoy la representan, y de la revolución pública y responsable que los eligió el insano triunfo de un partido cubano sobre otro, o la humillación siquiera de un grupo equivocado de cubanos; sino la demostración solemne de la voluntad de un país harto probado [para lanzarse a la ligera, viva aún la herida de] en la guerra anterior [,] para lanzarse a la ligera en un conflicto sólo [enca] terminable por la victoria o el sepulcro, sin causas bastante profundas para sobreponerse a las cobardías humanas y a sus [hábiles] varios disfraces, y sin determinación tan respetable[,] —por ir firmada por la muerte[,] —que debe imponer silencio a aquellos cubanos menos venturosos que no se sienten poseídos de igual fe en las capacidades de su pueblo ni de valor igual con que emanciparlo de su [infamia] servidumbre.

La guerra no es la tentativa caprichosa de una independencia más temible que útil, que sólo tendrían derecho a demorar o condenar los que mostrasen la virtud y el propósito de conducirla a otra más viable y segura, y que no debe en verdad apetecer un pueblo que no la pueda sustentar; sino el producto disciplinado de la resolución de hombres enteros que en el reposo de la experiencia se han decidido a encarar otra vez los peligros que conocen, y de la congregación cordial de los cubanos de más diverso origen, convencidos de que en la conquista de la libertad se adquieren mejor que en el abyecto abatimiento las virtudes necesarias para mantenerla.

La guerra no es contra el español, que, en el seguro de sus hijos y en el acatamiento a la patria que se ganen podrá[n] gozar respetado[s], y aun amado[s], de la libertad que sólo arrollará a los que le salgan, imprevisores, al camino. Ni del desorden, ajeno a la moderación probada del espíritu de Cuba, será cuna la guerra; ni de la tiranía. —Los que la fomentaron, y pueden aún llevar su voz, declaran en nombre de ella ante la patria su limpieza de todo odio, —su indulgencia fraternal para con los cubanos tímidos o equivocados, su [respeto] radical respeto al decoro del hombre, nervio del combate y [sostén de] cimiento de la república, —su certidumbre de la aptitud de la guerra para ordenarse de modo que contenga [a la vez] la redención que la inspira, la relación en que un pueblo debe vivir con los demás, y la realidad que la guerra es, y su terminante voluntad de respetar, y hacer que se respete, al español neutral y honrado, en la guerra y después de ella, y de ser piadosa con el arrepentimiento, e inflexible sólo con el vicio, el crimen y la inhumanidad. —En la guerra que se ha reanudado en Cuba no ve la revolución las causas del júbilo que pudiera embargar al heroísmo irreflexivo, sino las responsabilidades que deben preocupar a los fundadores de pueblos.

Entre Cuba en la guerra con la plena seguridad, inaceptable sólo a los cubanos sedentarios y parciales, de la competencia de sus hijos para obtener el triunfo, por la energía de la revolución pensadora y magnánima, y de la capacidad de los cubanos, cultivada en diez años primeros de fusión sublime, y en las prácticas modernas del gobierno y el trabajo, [de los pueblos,] para salvar la patria desde su raíz de los desacomodos y tanteos, necesarios al principio del siglo, sin comunicaciones y sin preparación en las repúblicas feudales o teóricas de Hispano-América. Punible ignorancia o alevosía fuera desconocer las causas a menudo gloriosas[,] y ya generalmente redimidas, de los trastornos americanos, venidos del [anhelo] error de ajustar a moldes extranjeros; de [extrema idea o] [teoría incierta, teoría o] [teoría de mera] dogma incierto o mera relación [local, accidental en] a su lugar de origen, la realidad ingenua de los países que [sólo conocían] conocían sólo de las libertades el ansia que las conquista, y la soberanía que se gana por pelear por ellas. La concentración de la cultura meramente literaria en las capitales; el erróneo apego de las repúblicas [a] a las [rango] costumbres señoriales de la colonia; la creación de caudillos rivales consiguiente al trato receloso e imperfecto de las [regiones] comarcas apartadas; la condición rudimentaria de la única industria, agrícola o ganadera; y el abandono y desdén [punible] de la[s] fecunda[s] raza[s] indígena[s] en las disputas de [dogma] credo o localidad [nacidas de] que esas causas [nacían del de] de los trastornos en los pueblos de América mantenían, —no son, de ningún modo los problemas de la [nacional] sociedad cubana. Cuba vuelve a la guerra con un pueblo democrático y culto, conocedor celoso de su derecho y del ajeno; o de cultura mucho mayor, en lo más [bisoño de sus huestes] humilde de él, que las masas llaneras o indias con que, a la voz de los héroes primados de la emancipación, se mudaron de hatos en naciones las silenciosas colonias de América; y en el crucero del mundo, al servicio de [a] la guerra, y a la fundación de [a] la nacionalidad le vienen a Cuba, del trabajo creador y conservador en los pueblos más hábiles del orbe, [los] y del propio esfuerzo en la persecución y miseria del país, los hijos lúcidos, magnates o siervos, que de la época primera de acomodo, ya vencida, entre los componentes heterogéneos de la nación cubana, salieron a preparar, o—en la misma Isla continuaron preparando, con su propio perfeccionamiento, el de la nacionalidad a que concurren hoy con la [inmediata utilidad] firmeza de sus personas [útiles] laboriosas, y [la] el seguro de su educación republicana. El civismo de sus guerreros; [la pericia práctica de sus pensadores] [realidad] [la aspiración y la cultura] el cultivo y benignidad de sus artesanos; [y sus hábitos políticos] el empleo real y moderno de un número vasto de sus inteligencias y riquezas; la peculiar moderación del campesino sazonado en el destierro y en la guerra; el trato íntimo y diario, y rápida e inevitable unificación de las diversas secciones del país; [el] la [recip] admiración recíproca de las virtudes [comu] iguales entre los cubanos que de las [diferencia] [distinciones] diferencias de la esclavitud pasaron a la hermandad del sacrificio; y la benevolencia y aptitud crecientes del liberto, superiores a [ese] los raros ejemplos de su desvío o encono, —aseguran a Cuba, sin ilícita ilusión, un porvenir en que las condiciones de asiento, y del trabajo [feraz] inmediato de un pueblo feraz en la [nacionalidad] república justa, excederán a las de disociación y parcialidad provenientes de la pereza o arrogancia que la guerra a veces cría, del rencor [provocativo] [agresivo] ofensivo de una minoría de amos caída de sus privilegios; de la censurable premura con que una minoría aún invisible de libertos descontentos pudiera aspirar, con violación funesta del [la naturaleza y] albedrío y [de los demás hombres, y de la] naturaleza humanos, al respeto social que sola y seguramente ha de venirles de la igualdad probada en [la virtud y la cultura] las [sentimientos] virtudes y talentos; y de la súbita desposesión, en gran parte de los pobladores letrados de [los] las ciudades, de la suntuosidad o abundancia relativa [que les venía viene venía] [hoy] que hoy les viene de las gabelas inmorales y fáciles de la colonia, y de los oficios que habrán de desaparecer con la libertad. —Un pueblo libre, en el trabajo abierto a todos, enclavado a las bocas del [mundo] universo rico e industrial, sustituirá sin [dificultad] obstáculo, y con ventaja, después de una guerra inspirada en la más pura [ideal de] abnegación, y mantenida conforme a ella, al pueblo avergonzado [y miserable] donde el bienestar sólo se obtiene a cambio de la complicidad expresa o tácita con la tiranía de los extranjeros [famélicos] menesterosos que los desangran y corrompen. No dudan de Cuba, ni de sus aptitudes para obtener y gobernar su [la] independencia, los que en el heroísmo de la muerte y en el de la fundación [silenciosa] callada de la patria, [han visto] ven resplandecer de continuo, en grandes y en pequeños, las dotes de concordia y sensatez sólo [imperceptibles] inadvertibles para los que, fuera del alma real [de Cuba, juzga de su patria, en la] de su país, lo juzgan, en el arrogante concepto de sí propios, sin más poder de rebeldía y creación que el que asoma tímidamente en la servidumbre [y culpa] de sus quehaceres coloniales.

De otro temor quisiera acaso valerse hoy, [en Cuba] so pretexto de [alta] prudencia, la cobardía: el temor insensato; y jamás en Cuba justificado, a la raza negra. La revolución, con su carga de mártires, y de guerreros subordinados y generosos, desmiente indignada, como desmiente la larga prueba de la emigración y de la tregua en [Cuba] la isla, la tacha de amenaza de la raza negra con que se quisiese inicuamente levantar, [en Cuba] por los beneficiarios del régimen de España, el miedo a la [consecuencias desordenadas de la] revolución. Cubanos hay ya en Cuba [olvidados] de uno y otro color, olvidados para siempre —con la guerra [de la libertad] emancipadora y el trabajo [en que] donde unidos se gradúan—del odio en que los pudo dividir la esclavitud. La novedad y aspereza [y tropiezo] de las relaciones sociales, consiguientes a la mudanza súbita del hombre ajeno en propio, son menores que la sincera estimación del cubano blanco por el alma igual, la afanosa cultura, [el evangélico amor de libertad] el fervor de hombre libre, y el amable carácter de su compatriota negro. Y si a la raza le naciesen demagogos inmundos, o almas [vehementes] ávidas cuya impaciencia propia azuzase la de su color, o en quienes se convirtiera en injusticia con los demás la piedad por los suyos, —con su agradecimiento y su cordura, y su amor a la patria, con su convicción de la necesidad de desautorizar por la prueba patente de la inteligencia y la virtud del cubano negro la opinión que aún reine de su [ineptitud] incapacidad para ellas, y con la posesión de todo lo real del derecho humano, y el consuelo y la fuerza de la [ferviente] estimación cuanto en los cubanos blancos hay de justo y generoso, la misma raza extirparía en Cuba el peligro negro, sin que tuviera que [temblar de miedo con su] alzarse a él una sola mano blanca. La revolución lo sabe, y lo proclama: la emigración lo proclama también. Allí no tiene el cubano negro escuelas de ira, como no tuvo en la guerra una sola culpa de ensoberbecimiento indebido o de insubordinación. En sus hombros anduvo segura la república a que no atentó jamás. Sólo los que odian al negro ven en el negro odio; y los que con [ese] semejante miedo injusto traficasen, para sujetar, con [negro] inapetecible oficio, las manos que pudieran erguirse a expulsar de la tierra cubana al ocupante corruptor. [e inútil de la tierra cubana].

En los habitantes españoles de Cuba, en vez de la deshonrosa ira de la primer guerra, espera hallar la revolución que ni lisonjea ni teme, tan [justa] afectuosa neutralidad o tan veraz ayuda que por ellas vendrán a ser [no la] la guerra más breve [menos] sus desastres menores. y mas fácil y amiga la paz en que han de vivir juntos padres e hijos. Los cubanos empezamos la guerra, y los cubanos y los españoles la terminaremos. No [los] nos maltraten, y no se les maltratara. Respeten, y se les respetará. Al acero responda el acero y la amistad a la amistad En el pecho antillano no hay odio; y el cubano saluda en la muerte al [bravo] español a quien la crueldad del ejercicio forzoso arrancó de su [hogar] casa y su terruño para venir a asesinar en pechos de hombre la libertad que él mismo ansía. Más que saludarlo en la muerte, quisiera la revolución acogerlo en vida; y la república será tranquilo hogar para cuantos españoles de trabajo y honor gocen en ella de la libertad y [beneficios] bienes que no han de hallar [ían] aún por largo tiempo en la [confusión] lentitud, desidia, y vicios políticos de la tierra propia. Este es [nuestro] el corazón [y así] de Cuba, y así será la guerra. ¿Qué enemigos españoles [combatirán sin ser de veras contra] [se han de oponer eficazmente a] tendrá verdaderamente la revolución? ¿Será el ejército, republicano en mucha parte, que ha aprendido a respetar nuestro valor, como nosotros respetamos el suyo, y más sienten impulsos a veces de unírsenos que de combatirnos? ¿Serán los quintos, educados Ya en las ideas de humanidad, contrarias a [la] derramar [la] sangre de [hombres buenos los hombres oprimidos] sus semejantes en provecho de [una monarquía trono] un cetro inútil [o de un la] o una patria [cruel] codiciosa, los quintos segados en la flor de [la] su juventud para venir a defender, contra un pueblo que los acogería [gustoso] alegre como ciudadanos libres, un trono [atado mantenido] mal sujeto, sobre la nación vendida por sus guías, con la complicidad de [los] sus privilegios y [los] sus logros? [que crecen a su sombra?] [cría y favorece] ¿Será la masa, hoy humana y culta, de artesanos y dependientes, a quienes, [arra] so pretexto de patria, arrastró ayer a la ferocidad y al crimen el interés de los españoles acaudalados que hoy, con lo más de sus fortunas salvas en España, muestran menos celo que aquel con que ensangrentaron la tierra de su riqueza cuando los sorprendió en ella la guerra con toda su fortuna? ¿O serán los fundadores de familias [cubanas, fatigadas ya] y de industrias cubanas, fatigados ya del fraude de España y de su desgobierno, y como el cubano vejados y oprimidos, los que, ingratos e imprudentes, sin miramiento por la paz de sus casas y la conservación de [su for] una riqueza que el régimen de España amenaza más que la revolución, se revuelvan contra la tierra que de tristes rústicos los ha hecho esposos [de cubanas] felices, [de la mujer de Cuba, y padres felices y autores de hijos] y dueños de una prole capaz de morir sin odio por asegurar al padre [cruel] sangriento un [pueblo donde] suelo libre [del] al fin de la discordia permanente entre el criollo y el peninsular; donde la [fortuna] honrada fortuna pueda mantenerse sin cohecho y desarrollarse sin zozobra, y el hijo no vea entre el beso de sus labios y la mano de su padre la sombra [del o] aborrecida del opresor? ¿Qué suerte elegirán los españoles: la guerra sin tregua, confesa o disimulada, que amenaza y perturba las relaciones siempre inquietas y violentas del país, o la [única] paz definitiva, que jamás se conseguirá en Cuba sino con la independencia? [¿Con Ni con qué derecho?] ¿Enconarán y ensangrentarán los españoles arraigados en Cuba la guerra en que puedan quedar vencidos? ¿Ni con qué derecho nos odiarán los españoles, si los cubanos no los odiamos? La revolución [lo] emplea sin miedo este lenguaje, porque [la] el decreto de emancipar de una vez a Cuba de la ineptitud y corrupción irremediables del gobierno de España, y abrirla [libre] franca para todos los hombres al mundo nuevo, es tan terminante como la voluntad de mirar como a cubanos, sin tibio corazón ni amargas memorias, a los españoles que por su pasión de libertad [nos] ayuden a conquistarla en Cuba, [o amen a los que la conquistaran] y a los que con su respeto a la guerra de hoy rescaten la sangre que en la de ayer manó a sus golpes del pecho de sus hijos.

En las formas que se dé la revolución, conocedora [del] de su desinterés, [de sus hijos] no hallará sin duda pretexto de reproche la vigilante [timidez] cobardía, que en los errores formales del [la patria] [república] país naciente, o en [la] su poca suma visible de república, [buscase] pudiese procurar razón [para] con que negarle la sangre que le adeuda. No tendrá el patriotismo puro [y sus mayores extremos respeto] causa de temor por la dignidad y suerte futura de la patria. —La dificultad de las guerras de independencia en América, y la de sus primeras nacionalidades, ha estado, más que en la [falta de mutua estimación] discordia de sus [próceres] héroes y en la emulación y recelo inherentes [a la] al hombre, en la falta oportuna de forma que a la vez contenga el espíritu de redención que, con apoyo de ímpetus menores, promueve y [alimenta mantiene] nutre la guerra, —y las prácticas necesarias a la guerra, y que ésta debe [desatar] desembarazar y sostener. En la guerra inicial se ha de hallar [la patria] el país maneras tales de gobierno que a un tiempo satisfagan la inteligencia madura y suspicaz de sus hijos cultos, y las condiciones requeridas [en] para la ayuda y [relación con] respeto de los demás pueblos, —y permitan—en vez de entrabar—el desarrollo pleno y [triunfo rápido veloz] término rápido de la guerra [necesar] fatalmente necesaria a la [conquista de] felicidad pública. [Y] Desde [las] sus raíces se ha de constituir la patria con formas viables, y de sí propia nacidas, de modo que un gobierno [artificial] sin realidad ni sanción no la conduzca a las parcialidades o a la tiranía. —Sin atentar, con desordenado concepto de su deber, al uso de las facultades íntegras de constitución, [en] con que se ordenen y acomoden, [con] en su responsabilidad [especial] peculiar ante el mundo [moderno] contemporáneo, liberal e impaciente, los elementos expertos y novicios, por igual movidos de ímpetu ejecutivo y pureza ideal, que con [abnegación] nobleza idéntica, y el título inexpugnable de su sangre, se lanzan [en con] tras el alma y [la] guía de los primeros héroes, a abrir a la humanidad [con la independencia de Cuba] una república trabajadora; [y pacífica, segura, levantada] sólo es lícito al Partido Revolucionario Cubano declarar su fe en que la revolución [sabrá] ha de hallar [modos tales de ordenación] formas que le aseguren, en la unidad y vigor indispensables a una guerra [humana benéfica y] culta, el entusiasmo de los [propi] cubanos, la confianza de los españoles Y la amistad del mundo. Conocer y fijar la realidad; componer en molde [ví] natural, la realidad de las ideas que producen o [rechazan detiene] apagan los hechos, y la de los hechos [en con] que [se represan] nacen de las ideas; ordenar la revolución del decoro, el sacrificio y la cultura que modo que no quede el decoro de un solo hombre lastimado, ni el sacrificio parezca inútil a un solo cubano, ni la revolución inferior a la cultura del país, no a la extranjeriza y desautorizada cultura que se enajena el respeto de los hombres viriles por la ineficacia de sus resultados y el contraste lastimoso entre la poquedad real y la arrogancia de sus estériles poseedores sino al profundo conocimiento de la labor del hombre [por] en [la conquista] el rescate y [mante] sostén de su dignidad:— ésos son los deberes, y los intentos, de la revolución. Ella se regirá de modo que [el corazón de los cubanos palpe el coraz] la guerra pujante y capaz dé pronto casa firme a la nueva república.

La guerra sana y [robusta] vigorosa desde el nacer con que hoy reanuda Cuba, con todas las ventajas de su experiencia, y la victoria asegurada a las determinaciones finales, el esfuerzo excelso, jamás recordado sin unción, de [los primeros] sus inmarcesibles héroes, no es sólo hoy el piadoso anhelo de dar vida plena al pueblo que, [en] bajo la inmoralidad y [opre] ocupación crecientes de un amo inepto, [y codicioso] desmigaja o pierde su[s] fuerza[s] superior[es] en la patria sofocada o en [el] los destierros esparcidos. Ni es la guerra el [mero] insuficiente prurito de [ganar, por el poder] conquistar a Cuba con el sacrificio tentador, la [indep emancip] independencia política, que sin derecho pediría a los cubanos su brazo si con ella no fuese la esperanza de crear una patria más a la libertad del pensamiento, la equidad de las costumbres, y la paz del trabajo. La guerra de [la] independencia de Cuba, [un país donde, como en Cuba, donde va a cruzarse] nudo del haz de islas donde se ha de cruzar, en [el] plazo de pocos años, el comercio de los continentes, es suceso de gran alcance humano, y servicio oportuno que el heroísmo juicioso de las Antillas presta a la firmeza y [justo] trato justo de las naciones [de] americanas, y al equilibrio aun vacilante del [orbe] mundo. Honra y conmueve [meditar] pensar que cuando cae en tierra de Cuba un guerrero de la independencia, abandonado tal vez por los pueblos incautos o indiferentes a quienes se inmola, cae por el bien mayor del hombre, la [firmeza aún vaga todavía insegura] confirmación de la república moral en América, y la creación de un archipiélago libre donde las naciones respetuosas derramen las riquezas que a su paso han de caer sobre el crucero [universal] del mundo. ¡Apenas podría creerse que con semejantes [hombres] mártires, y tal porvenir, hubiera cubanos que atasen a Cuba a la monarquía podrida y aldeana de España, y a su miseria [estéril avara] inerte y viciosa!—A la revolución cumplirá mañana el deber de explicar de nuevo al país y a las naciones las causas locales, y de idea e interés [humano] universal, con que para el adelanto y servicio de la humanidad reanuda el pueblo emancipador de Yara y de Guáimaro una guerra digna del respeto de sus enemigos y el apoyo de los pueblos, por su rígido concepto del derecho del hombre, y su aborrecimiento de la venganza estéril y la devastación inútil. Hoy, al proclamar desde el umbral de la tierra veneranda el espíritu y doctrinas que produjeron [y e inspiran] y alientan la guerra entera y humanitaria en que se une aun más al pueblo de Cuba, invencible e indivisible, séanos lícito invocar, como guía y ayuda de nuestro pueblo, a los [sublimes ejemplares] magnánimos fundadores, cuya [obra] labor renueva el país agradecido, —y al honor, que ha de impedir a los cubanos [mancillar o] herir, de palabra o de obra, a los que mueren por ellos. —Y al declarar así en nombre de la patria, y deponer ante ella y ante su libre facultad de constitución, la obra idéntica de dos generaciones, suscriben juntos la declaración, por la responsabilidad común de su representación, y en muestra de la unidad y solidez de la revolución cubana, el Delegado del Partido Revolucionario Cubano, creado para ordenar y auxiliar la guerra actual, y el General en Jefe electo en él por todos los miembros activos del Ejército Libertador.

Montecristi, 25 de marzo de 1895
José Martí / Máximo Gómez

Libros a la carta

A la carta es un servicio especializado para
empresas,
librerías,
bibliotecas,
editoriales
y centros de enseñanza;
y permite confeccionar libros que, por su formato y concepción, sirven a los propósitos más específicos de estas instituciones.

Las empresas nos encargan ediciones personalizadas para marketing editorial o para regalos institucionales. Y los interesados solicitan, a título personal, ediciones antiguas, o no disponibles en el mercado; y las acompañan con notas y comentarios críticos.

Las ediciones tienen como apoyo un libro de estilo con todo tipo de referencias sobre los criterios de tratamiento tipográfico aplicados a nuestros libros que puede ser consultado en Linkgua-ediciones.com.

Linkgua edita por encargo diferentes versiones de una misma obra con distintos tratamientos ortotipográficos (actualizaciones de carácter divulgativo de un clásico, o versiones estrictamente fieles a la edición original de referencia).

Este servicio de ediciones a la carta le permitirá, si usted se dedica a la enseñanza, tener una forma de hacer pública su interpretación de un texto y, sobre una versión digitalizada «base», usted podrá introducir interpretaciones del texto fuente. Es un tópico que los profesores denuncien en clase los desmanes de una edición, o vayan comentando errores de interpretación de un texto y esta es una solución útil a esa necesidad del mundo académico.

Asimismo publicamos de manera sistemática, en un mismo catálogo, tesis doctorales y actas de congresos académicos, que son distribuidas a través de nuestra Web.

El servicio de «libros a la carta» funciona de dos formas.

1. Tenemos un fondo de libros digitalizados que usted puede personalizar en tiradas de al menos cinco ejemplares. Estas personalizaciones pueden ser de todo tipo: añadir notas de clase para uso de un grupo de estudiantes, introducir logos corporativos para uso con fines de marketing empresarial, etc. etc.

2. Buscamos libros descatalogados de otras editoriales y los reeditamos en tiradas cortas a petición de un cliente.

Printed in Poland
by Amazon Fulfillment
Poland Sp. z o.o., Wrocław

69305506R00079